100세 시대,
인생을 즐기며 사는 법

100세 시대,
인생을 즐기며 사는 법

초 판 1쇄   2020년 09월 16일

지은이 박수지
펴낸이 류종렬

펴낸곳 미다스북스
총괄실장 명상완
책임편집 이다경
책임진행 박새연 김가영 신은서 임종익
본문교정 최은혜 강윤희 정은희 정필례

등록 2001년 3월 21일 제2001-000040호
주소 서울시 마포구 양화로 133 서교타워 711호
전화 02) 322-7802~3
팩스 02) 6007-1845
블로그 http://blog.naver.com/midasbooks
전자주소 midasbooks@hanmail.net
페이스북 https://www.facebook.com/midasbooks425

© 박수지, 미다스북스 2020, *Printed in Korea*.

ISBN 978-89-6637-852-4 03190

값 15,000원

좋아하는 일, 잘하는 일 하면서 품격 있게 나이드는 법!

100세 시대,
인생을 즐기며 사는 법

박수지 지음

인생 후반전을 즐길 준비를 하라

100세 시대에, 나는 절반 하고도 10년을 보냈다. 국가 차원에서 보면 1960년대는 농업경제 시절로 어려워서 못 먹고 살던 시대였다. 형제가 많은 집에서 태어난 나는 막내라고 학교도 못 다니는 아픔을 안고 성장했다. 이제 나는 나이 60세로 인생 2막 길에 올라섰다. 제2의 인생을 그냥 보내기엔 사람으로서 너무 허무한 것 같아 한 권의 책을 쓰기로 했고 여기에 그동안 쫓기고 쫓긴 인생사를 담았다. 못 배운 것이 죄인도 아닌데 나는 죄인처럼 숨어서,

내 인생을 전부를 걸어서 공부를 했다. 때론 힘들어 포기하고 싶었던 일도 많았고 나를 위해 한 달도 쉬어본 적이 없었다. 그러나 후회 같은 건 해본 적도 없고, 하려고도 하지도 않았다. 그것마저도 나에게 사치스러운 일이었던 것이다.

나는 사회적 인지력이 낮았지만 삶의 가치를 높이기 위해 60세라는 나이를 앞에 두고 가만히 있지 않았다. 오로지 인생의 2막 길을 향해 노력하면서 살았다. 지금은 잘 먹고 잘 입는 것, 좋은 집에 대한 만족에서 그치지 않고 나의 내면부터 즐거움을 느끼고 우리 나이대 사람들에게 조금이나마 도움을 줄 수 있는 희망이 되었으면 한다. 우리는 배우지 않았던 세대라 100세 시대에 꺾인 세월에 대한 준비가 없다면 외롭다. 그러나 누구나 자신의 미래가 많이 남아 있고, 영원하다는 생각 때문에 자신의 노후를 진지하게 생각하지 않으려고 한다.

게다가 우리 나이엔 100세 시대의 학습이 되어 있지 않기에 노력보다 걱정만 한다. 왜곡된 이야기인지 몰라도 요양원 10년 근무하면서 어르신들이 외롭게 계시다가 세상을 떠나는 모습을 많이 보았다. 한때 영광스럽게 살았더라도 사람의 일생은 허무함의 끝에서 만나게 된다. 흐르는 세월은 천하장사도 막지 못한다. 이것은 의학 지식이 아니다. 옛 진시황도 흐르는 세월을 불로초로 막아보려 했지만 결국엔 죽음을 면하지 못했다.

제2의 인생을 위해서 첫 번째로는 회사를 다닐 때 또 다른 직업을 생각하여야 하고, 두 번째로는 나이들어서 혼자서도 대화할 수 있도록 책 읽기 습관을 들여야 하고, 세 번째로는 네트워크를 할 줄 알아야 한다. 그러면 집에서 가족을 기다리는 노인이 되어도 외롭지 않게 되고, 또 세계적인 정보를 접하며 여러 사람들과 대화가 가능하게 된다. 컴퓨터를 하는 데 아무런 불편함이 없어지고 손가락으로 키보드를 치면 치매 예방도 될 것이라고 생각한다.

스티븐 호킹은 '루게릭'이란 병마로 보조 장치를 차고도 자신을 세상에 알렸던 훌륭한 박사이다. 자신이 장애인이라는 생각에 머물렀다면 지금의 우리에게 감탄스러운 인물로 남지 않았을 것이다. '나이들어서, 이제 와서 이런 걸 할 필요는 없다'는 마음은 갖지 말자. 앞서 말한 대로 준비를 한다면 나이가 들어도, 스티븐 호킹 박사처럼 업적은 남기지 않더라도, 자신의 삶에 대한 즐거움 하나쯤은 가슴에 품게 될 것이다. 우리는 여전히 움직일 수 있는 열 손가락과 내 마음대로 움직일 수 있는 육체도 있다. 이것이 감사와 행복이 아닐까. 남을 탓하는 시간에 자신의 100세 시대의 행복을 먼저 찾고 진지하게 생각을 해본다면, 앞으로 올 삶에 대한 준비가 되지 않을까?

나는 가정사로 어려움이 있어 나의 인생을 찾을 시간이 없었다. 컴퓨터만 하더라도 그렇다. 불과 얼마 전까지 컴퓨터를 켜고 끄는 것만 했지 어딜 찾아 들어가서 이메일 보내고 하는 게 서툴렀다. 낭독에 울렁증도 있었다. 지금은 독수리 타법이 아니라 자판을 안 보고도 칠 수 있고, 한 단어로 시작해 스토리를 만들어서 글로 표현하는 기술도 생겼다. 나는 남들처럼 문장력이 좋은 것도 아니다. 심지어 단어에 받침자도 제대로 맞추지 못한 사람이었다. 아이들 키우고 난 후 남는 시간에 늦게 시작한 공부, 검정고시를 봐서 들어간 4년제 사회복지 대학을 졸업한 지 불과 4년 되었다. 어릴 때부터 못 배웠다며 부모님을 탓하지 않고 내가 열심히 하면 된다는 마음을 가지고 노력한 결과다.

평생 젊은 아가씨로 있을 줄 알았던 나는 벌써 60세를 바라보는 중년이 되었다. 아직도 내가 젊다고 자신만만한 생각이 들 때도 있다. 하지만 그건 착각이다. 빨리 깨달아서 얼마나 다행인지 모른다. 아무런 준비 없이 퇴직만 바라보고 친구들과 하하 호호 지냈다면 아마 인생 2막이 시작된 후 불안 속에서 떨고 있었을 것이다. 나는 100세 시대에 금은보화는 아니라도 용기와 희망으로 살 수 있는 길을 만들어뒀다.

돈을 많이 벌 수 있는 재테크가 있다면 더욱 좋겠지만, 적은 돈을 가지고 있는 나는 책 쓰기의 재테크를 한다. 워드를 배워 컴퓨터로 책을 쓰는 게 제2의 인생을 준비하는 일이다. 겨우겨우 부동산으로 모아둔 주택연금에만 기대지 않아도 될 만큼 생활에 작은 도움이 될 수 있겠다는 생각이 든다. 나는 컴퓨터 학과를 나오지 않았고, 또 젊은이들처럼 컴퓨터 실력이 월등하지 않으나 이번에는 소프트웨어에 도전해보려 한다. 여러분도 늦었다는 생각보다는 '나는 할 수 있다'는 생각을 하면 어제와 오늘의 다른 미래를 기대하면서 살 수 있을 것이다. 시대가 변하고 있다. 정보망으로 복잡하게 우리에게 다가왔으나 겁내지 말고 도전하길 바란다. 고령화 시대로 빈곤감까지 겪지 않으려면 꼭 해야 하는 하나의 과제라는 말을 전하고 싶다.

우리는 데일 카네기가 정말 훌륭하다는 것을 알고 있다. 머리로는 알면서도 스스로 실천하지 못한다. 이는 게으름이다. 나에게는 책과 연습장, 볼펜이 친구다. 이들과 주고받은 이야기로 하루를 시작하는 것은 참으로 재미있다. 그래서 늘 시간이 없다. 나이들 시간도 없고 아플 시간마저 없다. 내 나이에 '혈압', '당뇨', '콜레스테롤'도 없다고 판정받았다. 이만하면 잘 살았다고 나는 자랑하고 싶다. 누구나 책 쓰는 시대다. 영어도 몰라도 된다. 한문도 몰라도 된다. 한글을 알고 워드만 할 줄 안다면 여러분도 책을 쓸 수 있다. 여러분은 나보다 한글을 많이 알 것이다. 더 잘할 수 있다는 마음으로 도전하기를 바란다.

나는 시장에 한번씩 간다. 항상 한쪽 구석진 곳에 앉아서 마른 밤 껍질을 벗겨 몇 봉지를 놓고 파시는 80세 넘은 할머님이 계신다. 팔리는지 안 팔리는지 3~4봉지가 항상 있다. 지금 생각해보면 할머님은 고객을 찾는 것이 아니었던 것 같다. 그저 사람 구경을 하러, 지나가는 사람들과의 이야기가 그리워서 시장으로 나오신 것 같았다. 한 봉지 사려고 물었는데 일부러 요즘 시세보다 반값도 안 되게 싸게 주려고 하시는 걸 보면 돈을 벌기 위해서가 아니라 외로움을 달래기 위해 나오신 것이다.

봄이 가면 여름이 오듯이 가을 지나면 반드시 겨울이 온다. 그러니 평생 살 것처럼 행동을 해선 안 된다. 100세 시대에 사는 방법을 찾아놔야 한다. 체력이 소진된다고 해도 찾아놓은 기술로 체력과 관계없는 대화방을 꼭 만들어서 외로운 노인이 되지 말자.

- 목 차 -

제1장 은퇴 후 어떻게 살아야 할까?

제2장 **우물쭈물하다가 이럴 줄 알았다**

제3장 **인생 후반전은 후회 없이 행복하게 살아라**

제4장 좋아하는 일, 잘하는 일을 하며 품격 있게 나이드는 법

제5장 은퇴 준비, 나이든 후에 하면 너무 늦다!

나에게는 책과 연습장, 볼펜이 친구다.
이들과 주고받은 이야기로 하루를 시작하는 것은 참으로 재미있다.

제 1 장

- 01 -

은퇴 설계는 반드시 필요하다

은퇴 후 생활을 꿈만 꾸고 있을 것인가? 꿈만 꾸다가 결국 돌아오면 제자리뿐이더라. 현실에서 꿈대로 멋지게 된 사람도 있지만 그렇지 않은 사람이 더 많다. 세상을 탓하면서 회식 자리나 모임에 참석하여 세상살이 이러쿵저러쿵하며 기사나 언론에 나오는 이들보다 더 훌륭한 토론자가 되고 '내 말이 옳다 네 말이 옳다'며 좋은 시대는 다 갔다고, 스스로 희망을 버린다. 회식 자리에서 잔뜩 음식을 채운 몸으로 집에 돌아와서 세상만사 잊고 편안한 잠자리에 든다. 아침이 되면 다시 일터로 가서 지난밤 이야기들을 잊고 자신을 생각할 여력 없이 살아간다. 세상은 갈수록 힘들어진 게 사실이다. 그렇다고 시간 탓 회사 탓 나라 탓만 하고 산다면 노후에 얇아진 주머니를 누가 채워줄 것인지 한 번쯤 생각해봐야 하지 않을까?

'어떤 사람이 그러던가요?' 노력하는 만큼 보인다고, 자신의 삶을 얻기 위해 노력하지 않으면서 시간을 무작정 흘려보내고 나면 지난 시간에 후회만 하게 된다. 나는 요양원에 10년을 근무하면서 깨달았다. 부자와 가난은 차이가 있지만, 자신의 미래를 준비해놓은 사람과 하지 않은 사람은 엄청난 격차가 있다는 사실을. 대부분 죽을 때 되면 그냥 죽으면 되지 무슨 걱정을 하느냐고 하지만 사람은 죽을 때도 '돈'이 필요하다, '돈'이 없으면 장례도 허무하다. 요즘 100세 시대란 말이 그냥 흘러가듯이 나온 말이 아니다. 60세 나이 후반부터 30년을 위해 인생 준비를 왜 해야 하는지 생각해봐야 한다.

나이든 후 자신을 벼랑으로 몰지 않으려면 흘러버린 시간을 이제라도 주워 담아서 아끼고 아껴야 한다. 나 자신에게 배신감을 느끼지 않도록 해야 한다. 요즘 사람들은 대충대충 사는 사람이 없지만, '열심히'와 '노력'은 다르다. '열심히'란 말은 그냥 주어진 일을 열심히 하는 것이고 '노력'은 내가 무언가를 찾아서 준비하는 것이다. 세상은 그리 만만한 세상이 아니다. 경주하듯이 달려야 승부가 되고 늦장 부리다가는 자신의 인생은 없어진다.

경주에서 타이틀로 받는 게 무엇일까? 내가 해냈다는 성취감이다. 그런 마음으로 새로 경주할 시간을 만들어 누구도 빼앗지 못할 일을 만든다면, 은퇴후 인생 후반전에 나의 주머니 가득한 황금이 채워질 것이다. 나이에 속지 말고 시간에 속지 말고 사람의 말에 속지 않는다면 우리에게 시간은 많다. '늙었다, 시력 나쁘다' 등 이런저런 핑계 대지 말고 생각을 바꿔라. 새로운 일을 하는 것이 당신의 부활이 될 것이다.

그것은 사람 세계도 있다. 나는 사람이 죽고 사는 '부활'이 아니고 자신의 속에 불행, 행복이 있다고 본다. 천국과 지옥은 내 속에 있다고 한다. 지옥은 굳이 가지 않아도 지옥인 세상에서도 살 수 있고 느낄 수도 있더라. 지금 바로 서울 지하철역에 가보면 차가운 길바닥에서 자는 노인 노숙자들을 만날수 있고 산동네 가면 연탄 한 장으로 하루를 보내는 분들도 있고, 도로에 폐품을 줍기 위해 유모차 밀면서 아픈 다리를 절뚝거리는 모습을 가까이에서 볼 수 있다. 직장 다닐 때 감사하게 생각하고 회사와 세상을 비난하는 데 에

너지 낭비하지 말고 자신에게 쓸 에너지를 찾아내야 한다.

모아둔 '돈'은 퇴직 후 30년 쓴다고 생각하면 과연 얼마나 있어야 하는지 계산하면 답이 나온다. 돈을 가지고 있는 사람이야 걱정이 없겠지만 대부분 걱정할 만하다. 우리는 지금 지난 젊은 날과 마음이 같지 않다. 시간이 지나면 몸도 마음도 늙는다. 60세 인생 후반 은퇴와 노후에 대한 정답이 사회적으로 나와 있는데도 정답이 없어 보였다.

준비 없는 은퇴는 생활에 치명적이라는 이슈가 많은 언론에도 나온다. 가장 큰 원인은 다른 누구도 아닌 자기 자신이란 걸 잊으면 안 된다. 그동안 쌓아온 명예, 명함으로 그동안 이렇게 잘 살았더라도 고정관념을 버려야만 한다. 그래야만 긴 세월 속에서 행복하게 살 수 있을 것 같다.

나는 앞으로 회사를 다닐 수 있는 시간이 2년 정도 남아 있다. 2년을 후회 없이 마무리하고 노후를 준비하기 위해 돈을 벌고 인생 후반을 멋지게 마무리하는 데 도전하려고 한다. 그럼 어디로 어떻게 도전할 것인가? 산으로 등산 가려면 음식을 가득히 채워 배낭을 메야 한다. 힘들게 오른 정상에서 먹기 위해 배낭 안에 음식을 넣는다. 땀 흘려 오른 정상은 진수성찬이 아니더라도 맛이 있고, 땀 흘린 뒤 먹은 물은 꿀보다 달다고 했던 어르신들의 이야기를 다시 한 번 기억하게 된다.

우리 인생도 이와 같다. 성공하려면 고통 없이 정상을 갈 수 없다. 나도 끊임없이 도전과 실패를 했고 실패하면 쉬었다 다시 시작했다. 그러다 보면 함정이 있는데 그것은 다름 아닌 돈의 노예가 되어 시간을 다 뺏겨 제자리걸음을 하는 것이다. 다시 돌아갈 수 없는 젊음이다. 돌아보면 아직 퇴직은 나와 먼 이야기라고 생각하면서 친구와 나들이 다니는 데 썼던 많은 시간이 아쉽다. 즉 '나이 듦'이라는 위기를 그 당시에는 잘 몰랐고 50세 때만 해도 사는 데는 자신이 있었던 사람이었다. 내가 갑부라서가 아니라 내 부지런한 몸을 믿고 있었던 것이다. 그런데 막상 정년 때가 되니 욕심만 앞섰지 현실은 행동도 늦어지고 생각도 자주 잊고 이해력도 늦어지고 있는 걸 깨닫게 된 것이다. 젊은 날의 열정이 사르르 사라지고 있다는 것을 나이가 들어 알게 되었다.

요양원에 근무하고 시설에 입소하는 어르신들을 돌보면서 나도 어르신같이 환자가 되어 늙어갈까도 상상만 하였지 인생에 대한 준비는 생각도 못했다. 한참 후에 '그래, 내 눈에 보이는 것이 나에게도 올 수 있다'는 것을 깨닫고 나니 새로운 직장이나 다른 직업을 생각하지 않을 수 없었다.

퇴직한 사람들이 창업을 최고로 많이 한다고 한다. 퇴직 나이가 60~70세에 불과하였는데 요즘은 40~50세로 앞당겨지고 있다고 한다. 그러나 퇴직한 사람 중에 실패한 사람, 폐업으로 생존이 어렵게 되는 분들도 많다. 나 또한 그런 세월도 있었다.

직장은 언젠간 현관문을 나설 날이 올 수 있다. 그때를 제대로 준비한 사람이 2막의 인생을 원만하게 생활할 수 있게 된다. 혹여 준비가 늦으면 감당하기 어려운 은퇴 후의 세상을 느끼게 될 것이다. 은퇴란 제멋대로 나에게 다가오더라. 내가 지금 있는 근무지에서 실천하고 행동으로 하지 않았다면 미래를 바꾸는 길목에서 보배 같은 인생이 없었을 것이다. 자신이 준비하지 않으면 우리의 깊은 숙명에 해결책이 없다. 우리가 아이의 손을 잡고 유치원과 학교를 보냈듯이 나이가 들면 요양원과 병원을 자식의 손을 잡고 다니게 된다. 인정하고 싶지 않지만, 우리가 살아가는 것도 반복이 된다. 우리 나이는 온갖 절약하는 게 몸이 익숙해져 있다. 절약한다고 은퇴 후가 보장되는 것은 아니다. 남은 인생 100m 단거리가 아니더라. 절약도 필요하지만 나이들면 소득이 적어지고 몸도 고달프다. 준비 없는 은퇴로 사회적 문제가 되어 고달프게 사는 것보다 먼저 인식을 그려놓고 스스로 사회적으로 가치 있는 인생 2

막 또는 퇴직 후 나에게 맞는 인터넷과 SNS에서 정보망을 찾아 설정해야 한다. 그러면 과거와 미래의 간격이 떨어져도 남은 직장생활이 덜 두려울 것이다. 김병만이 나오는 〈정글의 법칙〉을 보고 느낀 점이 있다. 나무 사이에 숨어 있는 불을 하나를 살려 여러 가지 얻는 기쁨을 알기에 힘을 합쳐 그들은 노력을 한다. 불씨를 살리면 음식도 하고 추울 때 몸도 따뜻해진다. 은퇴 설계도 이와 같다.

내 나이에는 '결혼식', '장례식', '병원' 등을 많이 다니게 된다. 우리가 그런 곳을 다닌다는 건 나도 아플 수 있다는 것이다. 나이가 들어보니 내 몸도 그들처럼 늦어지고 자꾸만 병원 가는 횟수가 많아지고 있다. 나는 나이들어도 아프지 않을 것이라고 자신했던 사람인데 세월 앞에서는 어쩔 수가 없다. 그래서 노후를 준비하여야 한다고 늘 말하게 된다.

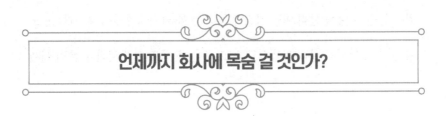

- 02 -

언제까지 회사에 목숨 걸 것인가?

직장이 있는 건 '축복'이다. 그 축복을 받아놓고 마냥 축제만 열어 즐겁다고

만 하면 안 된다. 시대가 변화해서 우리에게 왔다. 고정된 교육으로 직장만 믿

고 다니다가 나이들면 자식 또는 남에게 의지하는 시대는 이제 없다. '어떻게

되겠지'라는 건 절대적으로 없다. 남이 나를 대신해주는 건 없다. 직장은 나

에게 온 최고의 기회다. 기회를 놓치면 인생 후반에 들어서 아플 수도 죽을

수도 없이 살면서 '사는 게 사는 게 아니다.'라고 말할 것이다. 내가 너무 지나

친 말을 하는지 모르지만, 내가 65세 때까지는 젊은 생각으로 건강할 수 있으나 그 후에는 자신이 없는 일이 많아지고 있다. 영원한 직장은 없다. 한두 번 이직을 하지 않은 사람이 있는지 주위에 둘러보면 알 것이다.

나는 강원도에 살고 있지만, 서울에 가보면 직장이 있는데도 저녁 시간 또는 휴일에 자기 계발을 하기 위해 몇 군데를 강의 들으려고 다니고 있는 사람들을 많이 볼 수 있었다. 그들도 그렇게라도 해야만 불안감이 덜 할 것이다. 요즘 인생을 사는 게 수수께끼다. 수수께끼를 어떻게 잘 풀 수 있는 사람이야말로 인생에서 성공하는 사람이 될 것이다. 공무원으로 퇴직한 분들 이야기를 들어보면, 연금이 척척 나오는데도 돈이 줄어드는 게 통장에 찍히는 걸 보면 불안하다고 한다. '왜 한 직장을 믿고 살았는지 이제 와 후회한다'고 이야기한다. 죽을 때까지 재미있게 살고 싶다면 어떻게 하면 좋을까?

축복받은 회사생활 동안 희망을 찾아 넓은 세상으로! 매일매일 마음속에 사표를 먼저 던져놓고 시작해보는 것도 괜찮은 것이다. 내일이라도 사표를 낼 수도 있다고 생각하자. 10년 혹은 20년 앞으로 어떤 변화가 일어날지에 대한 걱정 없는 나만의 일터를 생각하자. 내가 퇴근 후 평범한 일상을 보냈더라면 지금에 컴퓨터에 앉아서 워드 자판을 제대로 치지 못했을 것이다. 여러분도 나이 생각 말고 지금 바로 이 시점에서 무언가 할 수 있는 지식이나 기술을 배우고 그것을 얻는 경험을 많이 하기 바란다. 좋은 일이 생길 것이다. 경험은 돈보다 더 많은 가치가 있다고 한다.

요즘 사람들은 '직장 다니면서 이 직장 그만두면 뭐하지?'라는 고민이 많다고는 하면서 여유롭게 인터넷 검색만 하고 있다. 물론 꼭 그런 분들만이 있는 건 아니지만 어쨌든 걱정하는 사람이 많다. 나는 작은 것부터 시작하여 여기 인생 전환점까지 왔다. 노력을 했다면 무엇이든 헛된 경험이 아니다. 책 속의 이야기처럼 스스로 해결하면서 살아가면 된다. 내가 먼저 부딪친 건 네이버에 대한 정보였다. 카페, 블로그, 이메일은 안 해도 살아가는 데 아무런 불편함이 없었으나 인생 후반에 소통할 곳은 네이버뿐이라는 걸 알고 젊은 청년들에게 다가가 어떻게 하면 워드 잘하느냐고 물으니 그냥 하면 된다고 하지 어떻게 하라고 가르쳐주지 않았다. 나는 고민하다가 '그래 남들도 하는데 내가 못하겠나?' 하여 한글 자판의 기초부터 혼자서 연습하고 또 한 뒤 드디어 독수리 타법을 극복했다. 나는 너무 기뻐서 퇴근한 후 남는 시간에 무조건 배울 수 있는 곳이라면 남편과 다툼을 할 정도로 열심히 다니면서 배웠다. 시간은 누구에게나 24시간이다. 그러나 나는 하루 24시간을 48시간처럼 사용했다. 직장이란 축복 안에 있을 때 시간을 나누어 쓰는 사람만이 성공할 수 있다는 걸 알게 되었다. 무조건 시작하면 된다. 퇴근 후 '무엇을 할 것인가?' 생각하면 흘려버린 시간이 아까워 체크하게 되었다.

노력하는 가운데 반드시 '빛'이 있다. 직장과 집, 가는 세월에 나를 맡겨두고 고민만 했다면 퇴직 이후 나에게 '행운'이 없었을 것이다. 나이를 담보로 잡고 아무것도 하지 않으면 퇴직 후 인생길은 죽음을 기다리는 사람과 다르지 않다. 나는 요양원에 계신 어르신을 10년 넘게 모시면서 자기 인생 없이 살다가 침상 생활부터 남의 도움으로 살아야 하는 걸 보았다. 직장이 있을 때 직장만 믿고 기회를 그냥 시간 속으로 묻지 않고 인생 후반 나만의 일을 할 수 있게 만들어놓아야 자부심으로 재미있는 인생을 살게 된다.

담배 피우는 사람들이 하나같이 하는 말이 있다. 아무리 해도 담배를 끊지 못한다는 말이다. 몸에 해로운 것을 알면서도 피운다. 담뱃갑에 어마어마한 사진을 첨부해도 상관없다는 사람처럼 피운다. 당장 끊지 않으면 누워서 남의 도움으로 살아야 할지도 모르는데 말이다.

우리의 인생 살아가는 것도 마찬가지다. 나도 퇴근 후 재미있는 곳, 따뜻한 곳만 찾아다녔다면 인생의 전환점을 알지 못했을 것이다.

더 나은 삶을 만든 건 자신의 책임이지 남의 의지가 아니다. 직장은 언젠가 내가 필요 없는 날이 온다. 명심해야 한다. 집짓기를 하듯이 자신의 미래로 가는 길을 잘 만들어놓으면 문만 열면 이 방 저 방으로 마음대로 다닐 수 있게 된다. 그러나 기초 없는 집은 집안 들어가기가 무섭다.

인생길은 100m 달리는 단거리가 아니다. 내일을 위한 인생에 투자해야 한다. 부동산도 좋고, 채권, 주식도 좋지만 그래도 돈 들지 않는 재테크를 단계별로 준비를 한다면 내일을 위한 나에게 최고의 선물이 될 것이다.

금은보화가 있다면 은퇴 후 인생 후반에 걱정이 없지만 반대로 금은보화가 없다면 은퇴 후에 벼룩시장 교차로 광고에 매달려 사느라 바쁘거나 아니면 조바심으로 모아둔 재산을 경험 없는 창업에 쏟아 실패하고 어렵게 살게된다. 지금 한숨 쉴 여유가 있다면 후회하지 않도록 결심을 해야 한다.

우리 나이에 할 수 있는 주택연금이란 게 있다고 한다. 얼마 전만 해도 주택연금 가입이 65세에서 70세에 할 수 있었다고 하나, 요즘엔 55세부터 주택연금 가입을 할 수 있다고 한다. 이런 소식이 축복인지 불행인지 나로서는 점점 나이가 들수록 쓸 돈이 필요한 데다 수명이 길어지는 현실에선 그것도 어렵다는 깨달음을 얻게 된다. 주택연금으로 인생 후반 생활비가 나오겠지만 결국에는 이자와 주택이 사라지는 착각을 하지 않을 수 없다.

20~30년 사회생활을 끝낸 후 텅 빈 과일바구니만 남기지 않기 위해서는 어디서 수익을 내야 할지를 찾아야 하지만 그것은 그리 쉬운 건 아니다. 앞으로 100세 시대를 맞아 얼마가 있어야 안전하게 살지 최저로 계산해보면 100만 원씩 20년, 현금만 2억 4천이 필요했다. 이걸 부부로 합산하면 4억 8천만 원이란 재산을 가지고 있어야 한다. 앞으로 필요한 현금을 어떻게 만들 것인가 걱정을 하다가 책을 쓰기로 했다. 남들은 아직 돌아오지 않은 일을 앞질러 너무 걱정한다고 말한다. 왜냐하면 현재 내가 직장을 다니고 있기 때문이리라. 하지만 퇴직 후 걱정을 안 할 수 없는지라 멀쩡하게 팔짱 끼고 있기엔 불안했고 배움을 향해 끝없이 노력하게 되었다. 누구든 남은 인생을 위한 특별한 선택을 빨리하는 사람이 성공한다. 실패하더라도 경험을 쌓다 보면 뭔가 확실한 아이디어가 떠오를 것이고 그걸로 철저히 검토하고 전문성을 갖출 수 있도록 과감하게 도전하라고 이야기해주고 싶다.

세상 밖은 미로와 같아 그 미래의 길을 나침반 없이 찾는다는 건 힘든 일이다. 나 또한 그렇게 힘들게 찾았다. 나에게 멘토가 되어줄 수 있는 지도자, 즉 나침반을 찾아야 한다. 은퇴 후 이렇게 살아라, 저렇게 살아라 해주는 사람은 아무도 없다. 스스로 찾아야 하고 나에게 맞게 설정해서 은퇴 후 생활비 흐름을 확보해놔야 즐거움이 따라온다.

현재 자신이 직장 생활을 하는 동안 아주 간단히 앞으로 살게 될 인생 후반의 자금 계산을 해야 한다. 현재는 월급으로 얼마든지 여유롭게 살 수 있고, 현직에서 오랫동안 일을 하면 그보다 더 좋은 게 없고, 직장생활을 연장할 수만 있으면 좋은 일이지만 정년이 갈수록 짧아지고 있다. 돈은 제한되어 있어 인생 후반을 위해 노력해야 세상에서 신뢰받고 사회적으로 존경받는 노후 생활이 보장된다.

시대가 변하고 있다. 노령화와 노인 빈곤까지 겹치는 우리의 사회에서 언제까지 회사 생활에만 목숨 걸수는 없다는 생각이 든다. 나이가 들면 남은 건 시간이다. 직장을 다니면서 미리 준비하고 은퇴 후 무엇이든 할 수 있어야 한다.

문제는 돈, 돈, 돈이다!

어느덧 내 나이가 50세 넘어 60세가 다 되어간다. 시간이 이렇게도 빠른지 느낌도 없이 인생 후반이 되었다. 아직은 그래도 직장이 있고 아침에 얼굴 화장하고 외출복 입고 나갈 곳이 있다는 게 나에게 행운이다. 직장에 다닐 때는 돈을 덜 쓴다고 한다. 퇴직 후엔 돈 쓸 곳이 많이 생기고 병원도 자주 가게 된다. 회사를 다니고 있지만 요즘 들어 병원을 자주 방문하게 되다 보니 병명도 생겼다. 더 늦지 않기 위해 30년 노후를 책임질 준비물을 찾아야 했다. 걱정이 되어 세상 밖으로 나가보니 스마트폰과 인터넷을 모르고는 살 수 없을 것 같았다. 이 둘을 배워본 적 없지만 인생의 필수 과목처럼 배워야겠다 싶었다. 컴퓨터만 있을 때는 내가 필요하면 아이들이 알아서 다 준비해주고 챙겨줘서 별 불편함도 모르고 살았다.

하지만 언제까지나 자식이 평생 내 옆에서 챙겨줄 것도 아니고 남편도 있지만, 남편은 기댈 수 있게 기둥 역할을 할 뿐이라 준비는 내가 해야겠다고 생각했다. 나는 바로 컴퓨터, 워드부터 시작했다. 워드 자판 치기가 어찌나 어려운지 독수리 타법으로 끈질기게 노력한 끝에 자판을 보지 않고도 어느 정도 할 수 있는 용기가 생겼다. 너무 재미있어 책 쓰는 데 별로 어려움이 없었다. 스마트폰도 이런 노력으로 혼자서 찾아 들어가 카페 만들기에 도전하고 있다. 혼자서 배우는 것이라 많은 시간을 투자를 해야 했다.

노후 준비를 위해 뭔가 하긴 해야 하는데 서울로 부산으로 다니다 보니 책을 쓰면 평생 걱정 없는 노후가 된다는 것을 알고 바로 실천했다. 워드가 기본이고 스마트폰으로 이메일도 보내는 정보화 시대였다. 자식도 자신의 생활로 바빠 내가 스스로 노후를 준비해야겠다는 마음이 들어 노력하다 보니 어

100세 시대, 인생을 즐기며 사는 법

느덧 이런 결실이 찾아왔다.

어느 책인지 기억은 잘 나지 않지만, 남편은 집이고, 아내는 간판이라고 한다. 간판이 무엇일까? 간판은 남들에게 알리는 광고가 아닐까? 내 나이 비슷한 분들 중 노후 준비가 다 되어 있는 이들을 보면 부럽고 나도 그렇게 살아야겠다고 다짐을 한다. 전형적인 직장인인 나는 인생 후반 삶을 유지하기 위해선 돈을 벌어야 하고 그러기 위해선 직장에서 틈날 때마다 쪽지 메모를 적어가면서 남몰래 공부해야 해서 가족 간에 내가 해야 할 도리를 다 못할 때도 있었다. 휴일에 제대로 쉬는 날도 없이 시간만 나면 도서관이나 서울로 배울 곳이 있다면 갔고 남편과 싸워서라도 다녔다.

돈이 없으면 얼마나 큰 문제가 되는지 요양원 근무하는 나는 한 해가 지날 때마다 겁났다. 그전에는 생각만 하였지 지금에 와서는 걱정된다. 좀 더 일찍 시작했더라면 하는 아쉬움이 있다. 이제 와 직접 눈으로 보고 느끼면서 가만히 직장 생활만 하고 있기엔 너무 불안하다. 남은 생을 위해 반드시 돈이 있어야 한다는 생각을 한 뒤 준비하였다. "돈의 원수가 되어 가난으로 먹을 게 없다. 오죽하면 농부가 볍씨 먹을까?"라는 어르신들의 말씀이 지나가는 말이 아니다. 요즘이야 먹을 게 없는 건 아니지만, 어찌 먹을 것만 있다고 요즘 세상을 말하겠는가. 나는 이때까지도 기계를 사용하는 게 익숙하지 않았다. 소도시에 사는 사람들은 서울에서 지하철을 탈 때 카드를 대고 '삑' 하는 소리 하나로 통과하는 모습에 당황한다. 나도 처음엔 당황하였다.

점점 신용사회가 되어가는데 세상에 위축하지 않으려면 카드도 쓸 줄 알아야 하고 정보화도 배워야 한다. 그래야 돈도 쓸 줄 아는 사람이 된다. 지난 노인들처럼 돈이 원수라는 말을 하지 않으려면 노는 자취는 없어도 배우는 공은 남는다고 한다는 말을 기억하며 노력해야 한다. 처음부터 큰 목표를 가지고 하면 실망도 크고 노력에 비해 힘이 빠져 할 용기를 잃게 된다. 그러나 아주 작은 것부터 시작해서 기초로 기둥을 쌓다 보면 건물이 어느덧 완공되는 걸 보게 된다.

필요 없다고 배우지 않으면 인생 후반은 세상과 단절되고 외로운 노인으로 살아야 한다. 늙은이 대접은 나라에서도 해준다고는 하지만 그 이야기는 지나간 사람들의 이야기일 뿐이다. 나이를 앞세워 위풍당당한 노인 생활을 하지 말아야 한다. 나는 그동안의 사회생활에 대한 자부심이 대단히 높다. 부지런함으로 열심히 살았고 그 누구도 따라올 수 없는 몸에 밴 부지런함으로 살았는데도 앞으로 30년을 책임질 힘도 없고, 능력도 없다. 마음은 아직 청춘인데 몸이 예전 같지 않고 머리도 그만큼 따라주지 않는다.

그러나 나는 끈질긴 노력으로 책 쓰기를 찾아냈고 책을 쓰기 위한 힘과 재능도 만들었다. 책 쓰기를 시작하려면 일단은 의자에 앉아 모니터와 한 몸이 되어야 한다. 보통 힘든 일이 아니다. 노력하고 배워야만 한다. 책 쓰기란 나의 인생 마지막으로 받은 보너스이고 보석이었다. 보석은 남들에게 보여줘야 반짝인다. 간직하고만 있으면 보석인 줄 모른다. 남들에게 자랑도 하고 보여주기도 해야 그 보석에 대해 환호한다. 책을 썼다고 한번에 돈을 벌 수 없지만, 꾸준히 집중하여 따라간다면 다음엔 가득 채운 보석이 되는 것이다.

책 쓰기가 어찌나 힘이 드는지 중간에 포기하고 싶은 적도 많았다. 책을 쓰고 지우기를 수없이 하면서 늦은 나이에 할 수 있게 되었다. 그리고 부족하더라도 당당하게 돈이 원수라는 말 정도는 하지 않는 행복을 찾았다. 인생 100세 시대에 돈 없는 사람들은 돈이 원수라고 하신 어르신들의 말씀을 그냥 흘리면 안 된다. 나는 요양원 근무한 지 10년이란 세월 지났다. 100세 시대란 말은 그냥 TV에 나오는 것이 아니다. 시설에 오신 환자분 어르신 모시고 오는 분들 보호자가 50~60세가 보편적이다. 부모님의 요양비 지급과 자녀들 교육비로 자신들의 노후자금 만들기란 한계가 있어 어려움이 많이 생기는 상황을 본다.

노후 준비 없이 노년을 맞이하면 뒤에 오는 자식의 삶도 소유가 어려워진다. 자식만의 책임이 아니다. 사회도 같이 책임을 지게 된다. 사람이라면 세상에 태어나 하늘나라로 갈 때까지 인생을 책임질 의무가 있다. 죽으면 그만이지 하는 사람은 남에게 의지하고 사는 사람이다. 그렇게 살지 않으려면 수명이 늘어난 세월에 맞게 노후자금도 어느 정도는 가지고 있어야 한다. 갈 곳 없이 여기저기 눈치 보는 것보다 살 길을 스스로 만들어 안정감을 보상받도록 일터를 만들어놓으면 소외되는 일은 없을 것이다. 수입이 낮아질수록 불행의 길은 길어진다.

아무리 이야기하는 것보다 TV 드라마 보는 식으로 책 쓰기를 하며 컴퓨터를 공부하면 언젠가 여러분에게 기회가 올 것이다. 나는 원칙을 두지 않고 그냥 배웠고 처음엔 컴퓨터 켜는 것도 몰랐는데 컴퓨터로 세상을 알게 되었다.

100세 시대, 인생을 즐기며 사는 법

컴퓨터가 나온 지 오랜 세월이 지난 지금에야 그 재미를 알았다. 여러분도 늦었다고 생각하기 전에 먼저 평생학습관 같은 곳에 찾아가서 도전해보기를 추천한다.

어느 날 퇴직 앞에서 마지막 월급 받고 여러 직장 동료들 인사받으면서 수고했다고 선물 봉투 받고 쫓겨난 것 같은 마음으로 나오지 않기를 바란다. 그런 후회로 세상 살지 않기 바란다. 꽃은 활짝 피었다가 그냥 사라지지 않는다. 우리가 보기에 꽃잎이 떨어져 볼품없이 땅에 떨어지는 것 같지만 그들은 우리에게 달콤한 당분을 주고 간다. 꽃들이 남겨둔 당분을 벌이 옮기지 않았다면, 우리는 당분을 맛보지 못하였을 것이다. 우리의 인생 후반을 생활하기 위해선 벌처럼 당분을 날라야 한다. 벌들은 꽃수에 당분을 입에 물고 왔다 갔다 1,500번 한다. 우리에겐 얼마나 고마운 일인가.

꿀벌 같은 날개는 없어도 우리는 손가락이 있다. 컴퓨터 한글 자판을 배워서 수천 번을 누르고 치고 노력한다면, 돈을 벌 수 있는 것이 무궁하다. 젊은 청년들이야 말할 것 없이 컴퓨터를 잘하지만 1960년생 우리는 컴퓨터 대한 수준이 낮다. 못한다고 불만만 하다가 지는 꽃같이 볼품없는 사람이 되지 말

자. 돈이 많다면 안심이 되고 인생도 즐기면 살 수 있지만 돈이 없다면 반드시

100세 시대에 일을 찾아놔야 한다. 나이가 들면 체력이 소진되기 때문에 미

리 무엇이든 배워서, 인생이 돈에 대한 걱정이 아닌 즐거움이 되어야 한다.

- 04 -

나이가 들수록 두려운 이유

　나는 요양원에 근무한 지 10년이 지났다. 나이들면 두려워지는 이유에 대

해 적어보려고 한다. 우리는 장례식장에 가보면 죽음을 알게 되고 병원에 가

면 아픔을 알게 된다. 바로 눈앞에서 보게 되고 느끼면서 나에게는 그런 일

이 없을 것이라는 생각으로, 남 일이라고 생각하고 돌아와 일상생활을 한다.

물론 이런 일들을 잊어야 이 세상을 평화롭게 살 수 있지만, 나는 나이든 사

람이라 생각을 안 할 수 없게 된다. 가까이 다가오는 시간을 되새기지 않을

수 없다. 나는 너무 일찍부터 죽음에 대한 생각을 하는지도 모른다. 하지만 누구나 죽음으로 이 세상을 떠나게 돼 있다.

요양원 어르신이 한계선을 넘어 생과 사를 몇 번 넘기는 기적도 있다. 나는 그것이 어부가 배 타고 바다로 나가 갑자기 폭풍을 만나 죽을힘을 다해 헤엄치고 육지에 나오는 것과 다르지 않다고 생각한다. 의료가 잘 발달되어 100세 시대에 죽으려고 해도 죽지 못하게 하는 의료진이 있다. 우리의 인생 나이에 그럴 것이라면 100세 시대에 즐거움으로 살 것을 찾아내야 한다.

좀 슬픈 이야기지만 치매 어르신 입장에서 글을 써보려고 한다. 젊은 날에 아이 키워 공부시켜 시집 장가보내고 새끼들과 같이 살아본 건 25~30년이다. 세월을 뒤돌아보니 평생 같이 살 줄 알았는데 시간이 흘러 이제 나이가 들어 아픈 몸으로 요양원에 들어와 기다리는 자식들의 소식을 배 속 탯줄처럼 전화선으로나마 듣는다. 폴더폰을 옆구리에 끼워놓고 자식들의 소식을 기다린다. '젊은 날 학교와 직장, 아이들 혼인으로 매일 바쁘게 살았던 것 같은데 요양원에 온 나는 무엇인가' 하는 생각에 그리움이 가득하다.

아들딸들이 보고 싶은데 옆에 자식이 와 있어도 누군지 모르고 사막도 아니고 숲도 아닌 어둠의 동굴 속에서 그리움을 찾으러 다닌다. 배회로 지치다 보니 폭언으로 자식과 주위 사람들을 떠나보내고 다시 새 식구를 만난다. 바로 요양원 식구들이다.

하느님은 저승에서 얼마나 좋은 꽃길을 만들어주려고 이승에서 남은 정신을 모조리 털고 오라고 하는지. 나이들어 병든 것도 서러운데 요양원까지 발자국 남기고 가려 하는지. 젊은 날의 수줍던 소년이 소녀를 보면 앵두나무 뒤에 숨던 모습은 어디로 가고 힘센 치매 친구를 만나서 그 친구는 의리가 얼마나 좋은지 아무리 떨쳐버리려 해도 이기지 못한다.

'이보시오! 저승사자님! 중간 역할 잘해주시오, 가족과 인사할 정신 좀 주시오. 2차 3차 세계에 살게 하지 마소! 치매 친구를 저승사자님이 잠시 꼭 붙들고 데려가 쉬게 하고 나에게는 시간을 좀 내주시구려. 내 새끼들 몇 년간 치매 걸린 이 어미로 인해 고생했으니 금쪽같은 내 새끼들과 인사 좀 합시다. 그러니 저승사자님께서 시간을 주시오. 부탁하오.'

'얘들아 너희는 잊지 않으마. 요양보호사 선생님들 정말로 고맙소. 선생님들 지치도록 배회한 나를 달래고, 씻기고, 먹였으니 어찌 고맙다고만 할 수 있을까? 치매로 폭언과 배회로 점철된 마지막 삶을 받아준 여러분이 있었기에 마지막까지 깨끗한 모습으로 기대고 잘 있다가 가게 되어 고맙고 감사하오. 우리 자식한테 하늘나라 가서 예쁜 집 짓고 꽃 둘레 있는 마당 넓은 집에서 평온하게 잘 지내고 있다고.'

나는 나이들어 두려운 것이 있다면 그걸 피하는 방법을 찾아야 하고 풍요로운 삶을 준비하기에 깊은 생각을 해야 했다. 행복과 즐거움이 있는 100세 시대를 살기 위해 내 손으로 직접 할 수 있는 일을 찾고, 또 몸에 맞는 걸 찾아야만 했다. 그래서 나의 현재 문제는 무엇이고 앞으로 살면서 생길 수 있는 일이 무엇인지도 생각한 것이다. 내 나이에 조금 늦은 건 있지만, 지금이라도 하지 않으면 이보다 더 우울할 수 있는 인생이 될 것 같아 시작한 게 있다. 바로 책 쓰기다.

나는 지난날 열심히 일했다고 신세타령을 해도 이제는 그런 말들을 들어줄 시대가 아니다. 요즘은 사회가 개인주의, 이기주의로 변화하고 있다. 타인에게 손 내미는 노인들을 좋은 모습으로 봐주지 않는다. 내 말이 사실인지 아닌지 한번 확인해보면 알 것이다. 집 앞에 주차해놓은 차를 빼달라고 전화했을 때, 전화 받고 나오는 사람이 내게 미안하다며 인사를 하는가? 그렇지 않을 때가 더 많을 수도 있다.

나이들면 정신이 흐릿해진다. 요양원이라는 것이 나와 관계 없는 일인 것 같은가? 어린 아이가 유치원에 가듯, 나이가 들면 요양원에 가야 한다. 이는 먹고 사는 문제가 해결되느냐 안되느냐의 문제가 아니다.

웰다잉(Well-Dying)을 이야기하는 사람들은 먹고사는 것만이 문제가 아니라고 한다. 죽기 전에 꼭 해보고 싶은 일과 보고 싶은 것을 적은 목록을 작성할 필요성을 강조한다. 나는 남은 시간을 후회하는 데 쓰는 것보다 인생에 대한 두려움 같은 것도 적어보고 앞으로 나에게 올 미래도 써보았다.

나의 노후 미래

첫째, 100세 시대, 오랫동안 할 수 있는 일들 찾아보기.

둘째, 100세까지 무엇을 할 수 있을까? 무엇인가 할 수 있는 체력을 어떻게 키워야 할까?

셋째, 100세까지 뇌가 노화하지 않으려면 어떻게 해야 할까?

넷째, 100세로 살면서 가장 즐거운 게 무엇일까?

다섯째, 요양원 생활을 하지 않으려면 어떤 다짐을 하여야 할까?

인생을 수학같이 딱딱 떨어지게 살 수는 없지만, 다양한 방법으로 검토하고 자신의 노하우를 찾는다면 나이드는 두려움을 해결하는 데 도움이 될 것이다. 물론 단계별로 여러 갈래가 있겠지만 '버킷리스트'를 적으면 자신이 살아온 공식이 보일 것이다. 100세까지 살지는 나도 알 수 없지만 문제를 해결하기 위해선 교육을 찾아 다녀야 하고, 그 과정을 통해 적은 5가지에 대한 준비를 하였다. 배움이 어렵더라도 열심히 지난날의 노하우와 지식을 곁들이면 더 효과적 결과를 얻을 수 있을 것이다. 어려움을 겪고 있는 환자들을 보고 듣고 지켜봤기에 이렇게 당부할 수 있다.

사자성어에 이런 말이 있다. '기우백락'은 재능을 발휘할 기회를 얻지 못하면 천리마도 소금 수레를 끌 수밖에 없다는 뜻이다. 그런데 이처럼 시대를 잘못 만나 자기를 알아주는 사람이 없다고 좌절감에 빠져 있거나 갈고닦은 재능을 엉뚱한 데 쓰고 있는 사람이 많다.

지금 현대사회가 발전되었고 정보화 시대가 되었다. 늙었다고 소금 수레를 끌고 있으면 뒤따라오는 사람에게 참다운 모습 보여주지 못한다. 그들이 우리에게 주는 정보를 배운다면, 나이가 들어도 두려워할 이유도 없을 것이고 거리에 폐품 줍는 모습도 안 보일 것이다. 언론이나 기사나 노령사회라고 많이 고민하는데 이제라도 기회를 얻어 가르침을 받아서 발휘할 터전을 만들기 위해 바쁘게 살기 바란다.

나의 문제는 사회변화에 익숙하지 않다는 것이다. 딱히 오래된 사람도 아닌데 세상이 변한 것은 모르고 평생 일하는 것에만 정신을 두고 살았다. 그러다가 책을 쓰면서 넓은 세상이 변하고 있다는 것을 알게 된다. 아직은 물건을 만들어서 시장에 팔지만 앞으로 시간이 흐르면 모든 상품이 인터넷으로 구매하게 될 것이다. 나는 인터넷으로 물건을 사려고 하면 아이들이 집에 올 때까지 기다리고 있다. 1인 가구가 늘고 있다는 것은 나이들면 외롭게 산다는 것이다. 따라서 변화되는 사회에 빠르게 적응해야 한다.

우리 나이에 배운 게 있다면 뚝심이 있다. 나이가 들었다고 저항하지 않고 평생직장을 바라거나 창업을 하는 것도 아니고 창직, 즉 직업을 만들어야 할 것이다. 이제는 퇴직 연령이 없는 네이버로 돈을 벌 수 있는 시대가 되었다. 배우겠다는 마음만 있다면 얼마든지 재미있게 살 수 있다고 한다.

100세 시대, 인생을 즐기며 사는 법

웰다잉(Well-Dying)을 이야기하는 사람들은 먹고사는 것만이 문제가 아니라고 한다. 죽기 전에 꼭 해보고 싶은 일과 보고 싶은 것을 적은 목록을 작성할 필요성을 강조한다.

나이들면서 얻은 깨달음

살아온 인생을 평가할 것은 아니지만, 그동안 세상을 모르고 내 앞에 보이는 것만 살펴보게 되어, 젊은 날이 지나고서야 세상이 변하고 있다는 것을 알게 되었다. 조금 더 일찍 알았다면 좋았을 텐데 하는 아쉬움이 든다. 요즘 내가 하고 있는 일들을 젊을 때 깨닫고 했더라면 지금보다 나은 생활을 할 수 있지 않았을까 생각해본다. 아마 젊은 날에 지금처럼 여유롭게 생활하였다면 지금 같은 배움의 즐거움과 여유를 모르고 지났을지도 모른다. 지나간 사람들이 나이들어 봐야 안다고, 인생은 한 걸음씩 내디뎌야 지혜와 용기도 생기고 젊은 날을 후회도 할 수 있다고 했다. 나이들어보니 재미있는 일도 있고 여유로운 마음도 든다. 젊은 날엔 노인들이 고집 센 사람이라며 부정적인 것만 생각하였는데 내가 나이들어보니 그런 것만도 아니더라. 하고 싶은 일을 찾아다니고 즐거움과 행복이 전혀 다르다. 젊은이들 특권인 정보화가 있다면 우리에게는 여유로운 시간이 특권이 아닐까 생각한다.

내가 젊을 때는 이런 사람처럼 행동만 하지 않는다면 나이들어도 초대받은 사람이 될 것이라는 생각이 있었다. 직장에 다니지만 젊은 날처럼 아이들 키우는 생활에 바쁘게 서둘러야 하는 일은 없다. 나 자신 위해서, 미래를 위해서 바쁘지, 가족을 위해 시간 낭비하는 일은 없다. 나이가 있어서 그런지 회사생활에서도 내가 실수를 좀 해도 넉넉히 이해해준다. 새로 도전하는 책 쓰기에서도 컴퓨터 용어를 젊은사람들한테 질문할 때마다 인내심으로 나를 가르치며 배려해주신다. 세밀하게 가르치시는데도 따라 하기 힘들었지만 지난날의 뚝심 있던 그 힘으로 오늘날 책 쓰기 재미를 누리게 되었다.

나이든다고 억울할 것이 아니라 나이들면 남은 건 시간뿐인데 무언가 배우면 인생이 즐거워지고 다른 세상을 깨닫게 된다. 나는 54세에 4년제 대학교 사회복지과를 졸업했다. 나이가 들어서 그런지 나라에서 만학도 등록금을 대줘서 학비걱정 없이 졸업할 수 있었다. 교수님들이 PPT로 만들어서 수업하는 게 어찌나 신기하던지 나도 교수님같이 해봐야겠다고 생각하고 배움을 시작했다. 성공하기 위한 공부가 목적이 아니었다. 그냥 이대로 나이들어가는 내가 싫었고 또 인생 후반의 삶도 찾기 위해 세상 밖의 세계로 나간 것이다.

공부하기가 얼마나 좋은 세월인지 본인이 하고자 하면 집에서 컴퓨터로 충분히 할 수 있다. 나는 호기심을 가지고 여기저기 클릭하다가 나에게 맞는 즐거움을 발견한 것이다. 생각나는 사례가 있어 적어본다. 어느 젊은 사람이 뇌졸중과 치매에 걸렸다. 그분이 나보다 젊은 48세라서 '어르신'이라 하기도 그렇고 '여사님'이라 불렀다. 나는 어르신이란 말이 익숙해 젊은 여사님을 어르신이라고 불러 자존심을 상하게 했던 일도 있었다. 여사님은 손수 식사하는 것 말고는 일상생활 전반에 대해서 완전히 도움을 받는다.

우리나라 의료진들이 일시적인 증상 치료보다 완화해줄 수 있는 연구가 빨리 되었으면 좋겠다고 생각한다. 우리 몸이란 언제 어느 때, 아플지 모르는 일이다. 나는 안 아플 것 같지만 나이들면 자연히 자리에 눕게 된다. 침상 생활 신세가 되면 가만히 있어도 몸속 세포들이 힘이 없어지게 된다. 그러기 전에 사회적 변화에 관심을 조금씩 가지고 현실에 맞는 여행을 하거나 각 지자체 학습장에 다닌다면 나이 생각하지 않고 살 수 있다. 또 아플 시간도 없을 것이다.

몸은 노화되지만 마음은 젊은이 못지않다는 말을 실감하게 될 것이다. 또 젊은이보다는 살아온 세월이 있어 마음 주머니 속에 가득 채운 지식과 인생 이야기를 젊은 사람에게 전달하는 것도 기쁨일 것이다. 이제 겨우 100세 시대, 나도 어느새 나이가 들었네, 배움을 좇아다니느라 나이드는 것도 잊고 살 뻔했다. 나이들어 성장한다는 건 어려운 일이다. 어렵다고 안 하면 자신에게 남은 시간이 외로운 것과 고독뿐이다. 인내와 끈기로 노력하다 보면 앞으로 나가는 힘이 약해도 얻는 기쁨이 더 많이 생긴다. 우리는 젊은이한테 '끝까지 하는 자가 이긴다'는 말을 자주 한다. 그러나 나이들면 '꼰대'란 말이 붙는다. 그 꼰대로 배우고 또 배우면 원하는 걸 무엇이든 할 수 있게 된다. 나이들면 반복해야 내 것이 되는 것이다.

준비 없는 노후에 병증으로 자살을 하는 뉴스에 한 번씩 나올 때 보면 안타깝다. 나는 요즘 과거보다 먹고 입는 생활이 많이 좋아졌는데도 왜 불안한지 무엇을 배우지 않으면 안 될 것 같아서 서울이고 부산이고 가방을 메고 배우러 다니게 된다. 밥도 내가 먹기 싫어서 안 먹는데 돈이 없어서 안 먹는 것도 아닌데 나이가 들면서 괜한 걱정에서 벗어나지 못하고 있다. 무엇인들 하지 않으면 나의 미래가 어둡게 느껴져 다양하게 교육을 찾게 된다.

나름대로 열심히 사셨던 분들인데 마지막에 요양원에 머물고 이 세상을 떠나신다. 사람이 산다는 것이 별것이 아닌 것 같은데 왜 이렇게 엉켜서 살게 되는지, 어떻게 살아야 할지, 어떤 때는 자괴감이 들기도 한다. 100세 시대라고 좋아하기만 할 수가 없다. 걱정 없는 100세가 되려면 좋은 일자리가 아니라도 자신의 직무능력을 키워나가야 한다. 나이들어서 자식한테 손 벌리지 않고 살 수 없겠지만 그래도 내 인생에 대한 책임은 스스로 가져야 한다는 생각이 든다.

돈이 원수란 말이 어디서 나왔는지 모른다. 돈도 돈이지만 내가 할 수 있는 일이 더 필요하다. 나도 나이가 들기 전에는 뭐든 잘할 줄 알았는데 막상 나이가 들어보니 생각과 다르게 행동하게 되었다. 인생 후반 때 제일로 무서운 건 외로운 것이다. 60세 되는 과정에 나 자신이 놀랍다. 편안해지고 여유로운 마음으로 살게 될 줄 알았는데 나이들면서 속이 점점 좁아지고 옹졸해진다. 아마 이런 마음은 60세나 70세나 같은 마음일 것 같다.

나이가 들며 두려워지는 이유 중에 하나는 기억이 자꾸 사라지고 고집만 늘어난다는 것이다. 그런데 가만히 아무것도 하지 않고 나이들면 더 빨리 그런 증상이 찾아오게 된다. 건강하기 위해 노력도 하고, 머리로 쓰는 무엇이든 찾아야 한다. 나는 책을 쓰는 것이 우리 나이에 제일 좋은 일이라고 말하고 싶다. 처음부터 책을 쓰는 것은 어렵다. 직장을 다니면서 준비하고 글을 쓰면 인생에 두려울 것이 없다고 본다.

책을 쓰는 데 열심히 하면 성공으로 자신의 지위도 높아지게 된다. 독수리 타법으로 배워서 책을 쓰면 치매도 걸릴 일이 없을 것이고, 집에만 앉아서 아이들 기다린다고 전화기를 들었다 났다 할 필요도 없을 것이다. 우리의 나이에 독립한 아이들 기다린다는 것은 할 일이 없는 사람한테는 참으로 불행한 일이다. 아쉬움이 있다면 좀 더 일찍 세상과 연결하지 않은 것이다. 이제는 물

건을 만들어서 시장에 직접 파는 것이 아니다. 네이버로 주문하고 입금하는

세상이다. 나이들었다고 핑계 댈 필요가 없다. 네이버는 내가 나이 많은 노인

인지 젊은인지 모른다.

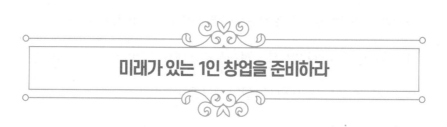

06

미래가 있는 1인 창업을 준비하라

살면서 사연 없는 사람이 어디 있나? 아마도 한 사람도 없다고 본다. 각자 사연이 다양하겠지만 가정환경이 그 시작이 되지 않을까 한다. 경제적으로 일그러지는 가족관계를 회복하기란 쉽지가 않다. 나 또한 남편의 부도로 경제적으로 매일매일 힘든 날을 겪으면서 가까이 지내던 지인들에게도 외면당하며 아픔을 겪는 인생을 산 지 언 22년이 흘렀다. 어느 가정은 남편의 부도로 대부분 해체되어 아이까지 불행을 겪고 있기도 하다. 나는 어쨌든 이 가정을 지켜야겠다는 마음으로 두 아이의 양손을 잡았다. 돈이 없어 아이들 배고프다고 해도 빵 하나 사줄 돈이 없었다. 두 아이를 옆에 눕혀놓고 남편과 나는 쪼그리고 앉아 서로 눈을 바라보다가 눈물이 고여 있는 걸 확인 후 하늘 보다가, 지나가는 사람을 보다가 이렇게 해선 안 되겠다고 무의식적으로 자리에서 벌떡 일어나 앞으로 달려가 무조건 택시 붙잡아 타고 지인 언니 집으로 갔다. 아파트 도착한 나는 앞뒤 생각할 여력 없이 아파트 벨을 누르고 들어갔다. 자리에 앉지도 않은 채 돈 100만 원만 빌려달라고 했다. 그때 묻지도 따지지도 않고 그냥 내준 참 고마운 사람이다. 그 인연으로 아직도 연락하며 지내고 있다.

지금 이 글을 쓰면서 나는 지난날의 생각으로 눈물이 고여 잠시 멈추었다 다시 쓰고 있다. 상처는 스승이라고 누가 말했나? 정말 상처는 스승이 되더라. 그림자처럼 상처는 따라다녔고 나는 어떻게 해야 하는지를 방향을 잡지 못하고 빌린 돈을 다 쓰기 전 어떤 결단을 내려야만 했다. 2가지 생각이 있었다. 하나는 초등학교 1학년 딸아이는 남의 집에 맡겨두고 5살짜리 아들은 너무 어리니 방 하나 얻어 안에 두고 밖에서 문을 잠그고 일을 하기 시작했다. 아마 그때 누군가 신고를 했으면 아동학대가 되었을 것이다. 그러나 내가 그때 그런 결정을 하지 않고 나만 살겠다고 아이들과 헤어져 있으면 지금의 화목한 가정도 없었을 것이다.

나는 꽃집으로, 식당으로 일하려 다녀야만 하였으나, 어린 아이들 때문에 집에 혼자서 할 수 있는 일을 찾았는데 시집오기 전 배운 바느질 기술로 시장으로 다니면서 일감을 얻게 되었다. 지금 생각해보면 그때 그것이 1인 창업의 시작이 아닌가 생각이 든다. 그러나 그것 큰 도움이 안 되어 원단을 사서 이불과 옷을 만들어 주위에 팔기도 하였다. 옷을 팔다가 아이디어가 생각나서 수선을 하면 될 것 같아 수선가게에서 일도 하면서 또 다른 일을 찾았고 어느 날 정부에서 처음 시도하는 요양보호사 자격증을 실시한다는 공고 문구를 보고 발 빠르게 움직여 돈 없이도 자격증을 땄다. 처음엔 너무 일찍 시작되어 각 요양원 직원을 구하지 않아 취업하는 데 어려움이 있었다. 지금은 전국적으로 많은 요양보호사가 형성되어 있지만 그때는 일반인들도 잘 모른 상황이라서 이리저리 요양원을 찾아다녀야만 취업을 할 수 있었다. 직장이 생겨 너무나 기뻤고 일을 하면서 또 다른 일을 찾아야 하기에 어깨에 배낭을 메고 시간 날 때마다 서울과 부산을 다니며 나이들어 혼자서 할 수 있는 일이 무엇이 있는지 찾아다녔다. 귀에 작은 정보라도 들리면, 무조건 찾아갔다.

강의를 듣다 보니 앞으로 네트워크 시대라고 하지만 그것이 무엇인지 몰랐다. 여러분도 나처럼 어려움 겪지 말고 요즘 많이 하는 유튜브나 SNS 같은 걸 빨리 배워 1인 창업하면 좋은 세상을 앞서서 보고 들을 수 있을 것이다.

네트워크 사업으로는 암웨어, 애터미 같은 게 있다. 그것도 내 돈이 있어야만 수익을 올릴 수 있는 걸 깨닫고 포기했다. 그러다가 어느 날 책 하나가 세계로 가는 마케팅이란 정보에 내 마음을 더 강하게 움직이게 되었다. 아마 그때 결정하지 않았다면 내 인생 최고의 후회를 하였을 것이다. 앞으로 유튜브도 해야 하고 카페도 해야 하니 나이드는 생각을 잊고 살 것 같았다.

이 과정은 나에게 힘들다. 그러나 너무나 재미있고 즐거운 게 지난날 고생했던 과거가 떠오르지 않는다. 고생보다 행복이 더 커서 고생이란 마음이 사라진 것이다. 여러분도 인생을 찾아 귀 기울이다 보면 아주 멀리 있는 바다 건너 산 넘어 있는 소리까지 들을 수 있을 것이다. 그냥 귀를 기울인다고 다 들리는 것은 아니다. 생활을 탐구하였을 때만 기회가 왔을 때 넓은 세상과 소통하는 길이 열린다. 요즘 우리나라 둘러싼 문제가 무엇인지 조사해보면 알게 된다. 즉 취업자리 없어 전전긍긍하는 사람들이 많다. 젊은 사람만 걱정되는 일이 아니다. 우리도 일할 수 있는 곳을 찾아야 한다. 이제는 1인 가정의 시대가 됐기 때문에 목적을 가지고 특정할 만한 자료를 찾아서 신뢰받은 유통, 즉 마케팅 만들어야 살 수 있는 시대가 되고 있다. 나는 신문을 잘 본다. 기사 읽을 때 보고 느낀 점이 있다. 이 사람들이 그냥 앉아서 정보 전달하지는 않을 것이다. 직접 현장에 다니면서 눈으로 확인하고 경험으로 전달할 것이다. 1인 창업도 이와 같다. 처음 시작할 때는 한계가 있다. 외부에서 멘토를 찾아야 한다. 이제 디지털 시대이기 때문에, 자신의 개성과 매력을 표현할 수 있다. 노력도 하고 경험도 쌓여야 맞춤 첨단시스템이 발전할 수 있다.

수수께끼같이 풀어야 하는 세상을 어떻게 잘 푸느냐에 따라 사는 데 힘이 덜 들 것이다. 그동안 나는 1인 창업이란 네트워크를 몰랐기에 시간과 재능을 살릴 수 없었다.

나도 유튜브를 보지만 요즘에는 스마트폰으로 자신의 시간을 흘려버리면서 경제가 안 풀린다고 신세 타령을 늘어놓은 사람들이 많다. 꼭 자기가 만든 것 같이 자신의 열정을 스마트폰에 쏟아놓는다. 그것을 자신 것으로 만든다면 더욱 신이 날 것이고 재미는 2배로 늘어날 것이다.

사람들에게 말하고 싶은 게 있다면, 요즘같이 이혼율이 많은 세상에 가정을 지키는 사람으로 살면 자녀들도 행복할 것이고 자신도 행복할 거란 사실이다. 내가 남편의 부도로 모든 재산을 잃고도 희망이 있었던 건 가족 덕분이었다. 지난날 경제 위기만 마음에 담고 살았다면 나도 그 위기에서 살아남지 못했을 것이다. 또 극단적인 생각도 할 수도 있었다. 언론이나 신문 속 경제위기란 말에 넘어가지 말고 나에게 주어진 일에 열심히 한다면 이 어려운 시기를 잘 이겨나갈 수 있을 것이다.

수명이 늘어난 만큼 직업도 늘어나야 한다고 본다. 나는 60세에 정년퇴직이다. 100세 시대에 60세 퇴직을 하면 나머지 40년을 어떻게 살아야 하는지 걱정이다. 세상은 변해가는데 일자리는 줄어든다는 것은 선진국으로 가는 우리에겐 맞지 않는 이야기라고 한다. 세상이 얼마나 변했는지 기계와 대화하는 기술을 다시 배워야 한다. 새로운 정보를 치열하게 배워야 이 세상에서 살아갈 수 있다. 아무리 어려운 컴퓨터의 용어라도 하나씩 배우다 보면 1인 창업에 대한 준비는 충분히 할 수 있다고 본다. 언제까지 회사에 목숨을 바치고 고개를 숙여가면서 일할 것인가? 40년의 책임은 스스로 개발하여 준비해야 한다.

상가를 빌리지 않아도 되고 자금이 많이 없어도 되며 입지 또한 없어도 된다. 마케팅을 잘할 수 있는 이이디어와 창의력을 연결하여 첨단 기술로 창업하는 것이 바람직하다. 나이들어 돈을 많이 투자하는 것은 위험하다. 우리는 젊은 사람같이 멋진 프로그램을 하지 못하지만 사진 찍고 글을 써서 나의 감정을 전달할 수 있는 곳이 많다. 유튜브나 네이버 같은 곳은 나이도 제한 없고 학년도 제한이 없다. 글을 쓰고 사진을 찍고 예쁘게 잘 담는 기술을 배우면 1인 창업하는 데 큰돈이 필요 없다. 나는 사는 게 바빠서 여유롭게 지내던 시절이 별로 없다. 그러나 지금은 네이버와 유튜브로 일하고 나이가 들면서 시간적인 여유도 많아졌다. 나도 몇 달 전만 해도 나의 노후로 고민한 사람이다. 새로운 기술을 익히고부터 삶에 대한 의욕이 생겨 나이든다는 생각할 여유가 없다. 돈도 많고 이제 와 이렇게 매여 살고 싶지 않다고 하는 사람은 어쩔 수 없지만 나는 그런 사람들도 요양원에서 인생에 대해 후회를 하는 모습을 많이 보았다. 그러니 나이들어서 외롭지 않으려면 세상의 첨단 기술을 꼭 배우면 좋겠다.

07

당신은 무엇을 잘할 수 있는가?

누가 나에게 부지런함을 주었는가? 부지런함이 있었기에 배움을 찾아 최신 기술을 익히는 노력하였기에 빠르게 변하는 세상을 젊은이들과 동등하게 따라가기는 어려웠지만 지금의 행운을 잡을 수 있었다. 나는 어떤 걸 잘할 수 있는지를 선택하기 전에 내가 후회할 가능성이 있는 문제를 정확하게 파악하는 것이 사실은 중요했다.

직장생활 하위직으로 부족한 일을 하는 가운데 후회의 덫이 나에게 접근

할 때마다 물리칠 수 있었기에 지금의 나는 컴퓨터에 앉아 글을 쓸 수 있다. 직장생활이 어떠한지 명확하게 알았기에 그만큼 경계를 늦추지 않았다.

정보화 시대에 잘할 수 있는 일부터 자연스럽게 찾았다. 지금도 아주 잘하는 건 아니다. 이제 겨우 눈으로 안 보고 한글 자판을 칠 수 있다는 것이다. 계획만 세우고 행동이 없었더라면, 돈 버는 재미나 디지털 같은 재미를 볼 수 없었을 것이다. 아직은 회사근무 기간이 2년이 남아 있어 정해진 일을 하면 되지만, 준비가 안 되어 있다면 늦은 나이에 이력서를 들고 갔다가 거절을 당하게 될 것이고, 아는 사람 찾아다니면서 일자리 부탁하며 바쁘게 살 것이다.

나의 그런 문제점을 파악하고 계획하고 실행했다. 물론 쉽게 되지는 않았다. 나이가 들어서 배우는 데 당혹스러운 일들도 많았고 이해력도 늦어 손해 본 일도 많았다. 인생 후반기 할 수 있는 일이란 딱히 없다. 책 쓰기와 컴퓨터와 유튜브 빼고는 다른 대체할 것이 없다. 나는 잘 모르겠다. 너무 일찍 앞질러 가는 건 우리 나이에 위험한 일이다. 건물과 사람이 하나둘 사라지면서 붐비던 시장통로가 한가하다. 집에서 인터넷으로 주문하는 시대가 가까워졌다. 그러니 한번 해보자. 나는 새로운 교육을 받는 데 용감하게 도전했다.

첫째는 직장생활로 시간이 부족하여 남편과 다툼이 많았고 이제 와 생각해보니 남편과의 일이 제일 힘든 과정이 아니었을까 싶다.

어느 날 나는 남편과 운전하고 가다가 교차로에서 길 건너는 할머니를 보았다. 나는 남편과 교차로에서 신호대기로 차를 멈추고 있던 중 반대 도로에서 유모차를 앞으로 밀면서 할머니가 어눌한 걸음으로 교차로 중앙을 향해 건너는 모습을 보게 되었다. 반대편에서 오는 차들을 경적을 울리고 어떤 차는 할머니를 피해서 S자를 그리며 지나간다.

나는 남편에게 할머니 지나가게 잠시 기다리라고 하고 차에 있는 시계를 봤다. 할머니가 지나가는 시간이 2분이 걸리지 않으셨다. 물론 위험은 하다. 그러나 이미 찻길로 들어선 할머니를 어찌하겠는가. 할머니는 위험을 감수하고 죽을힘을 다해 건너갈 것이다. 차들이 빵빵 하는 동안 할머니의 심장은 어땠을까? 아마 할머니의 마음은 이럴 것이다.

'나는 저 멀리 있는 육교를 몰라서 이 길을 건너는 줄 아느냐? 나도 안다. 다리 아파 걷지 못하는 너희는 모른다. 너희만 차 있느냐 나도 차 있다. 공기를 오염시키는 자동차보다 내 힘으로 밀고 가는 유모차가 얼마나 좋은지 너희에게 자랑하고 싶네. 너희는 운동하느라 돈 주고 하지? 나는 유모차가 있어 팔에 힘도 생기고 다리 아픈 것도 지탱하게 하고 밖으로 세상을 보게 된다. 그게 얼마나 좋은지 너희도 내 나이가 돼봐야 알 것이다.'

나는 할머니의 마음속을 살짝 생각해봤다. 내가 이렇게 표현해도 용서해주실 거라 여기며.

바로 이것이 '어떻게 살 것인가?'의 차이점이다. 육교로 못 가는 할머니가 위험을 감수하고 건넜기에 다른 친구 집으로 갈 수 있고 재미있는 놀이도 했을 것이다. 노력 없이 남을 핑계로 나는 돈과 인연이 없다고 말하면서 마음에 자물쇠로 잠가버리고 만다. 잘할 수 있는 일도 핑계대면서 안 하는 것이다. 내가 100세 시대 인생 후반을 위해 이것저것 찾아다닐 때 직장 동료들은 왜 그렇게 바쁘게 사느냐고 했다. 나는 능력을 발휘할 때까지 회사 간부들의 압박과 동료들을 신경 쓰면서 미래의 자유에 대한 기대감을 가졌다.

책 쓰기 전까지 회사와 집만 왔다 갔다 했고 가정만 중심에 두고 살았기에 세상이 변해가는 걸 몰랐다. 어깨에 가방을 메고 서울로 부산으로 다니면서 내가 조선 시대에서 온 사람 같은 혼란을 겪었다. 아주 오래된 사람이 아닌데도 생소한 수업 들을 때 눈치를 보면서 그 말이 무슨 말인지 고민하게 되었다. 나는 그동안 인생을 살면서 뭘 하고 살았지? 아직은 늦지 않다. 요즘 100세 시대가 아닌가. 경제적으로 아이들 공부시킬 일도 없는데 우리 부부가 살아가는 데 필요한 것만 있으면 책의 주인공을 할 수 있을 것 같았다. 그래서 회사에서는 하위직이지만 나도 한 번쯤 책의 주인공이 되어보자고 결심했다. 나는 좋았던 때가 별로 없지만, 이제라도 다시 시작하여 폼 잡는 뜨거운 인생으로 다시 태어난 것이다.

구슬이 서 말이라도 꿰어봐야 안다고 여러 도전을 해봤기에 지금의 보배 같은 작가가 될 수 있었다. 세상은 공짜는 없다. 내가 뿌려야 곡식을 거둔다. 사방으로 돌아봐라. 나이든 사람들 대부분 손주 손자 보느라 몸은 지치고, 젊은 날 자식 키우느라 사는 재미도 몰랐다. 지금이라도 늦지 않았다고, 우리의 한글은 누구나 할 수 있는 것이라 책 쓰기를 배우면 또 다른 사는 맛이 있다고 알려주고 싶다. 앞의 사례 속 할머니처럼 과감하게 도전해야만 나의 놀이와 일을 찾게 된다.

나는 일주일에 마음대로 쓸 수 있는 시간이 100시간도 안 된다. 이 100시간을 잘 활용해서 하고 싶은 일을 찾았고 지금은 남들 앞에서 떳떳이 설 수 있는 사람이 되었다. 내가 하고 싶은 일을 나누어서 했던 것으로 남들 앞에 보여주게 되었다. 100시간도 안 되는 시간을 원하지 않는 일을 하고 있다면 얼마나 쓸쓸할까?

사람이 나이가 들면 정신적으로 하고 싶은 일을 해야 한다고 생각한다. 시간을 잘 활용하는 것이 중요하다. 내 시간을 남이 아니라 나를 위해 써야 한다. 이게 중요한 이야기다. 직장생활을 하면서 지켜본 대부분의 어르신은 희생만 하다가 인생의 마지막을 침상에서 보낸다. 대부분의 어르신을 보면 자신을 위해 마음대로 살아본 일 없이 육신을 침상에 기대며 몇 년을 보내고 세상을 떠나신다. 이 어르신들은 아이들 키우고 결혼시키고 그다음에는 자신이 할 일은 다 끝났다고 한시름 놓지만 그 후로도 살아갈 날은 길다. 할 일 없이 긴 시간을 어떻게 지내야 하는지를 미리 생각하지 않으면 나이가 들면 할 일이 없어져 외로워진다.

나는 내가 할 일을 하면서 여행도 가고 가방에 원고도 가지고 다니고 있다.

내가 무엇을 잘할 수가 있는지 예전에는 잘 몰랐다. 그러나 지금은 글을 쓰는 작가가 되었다. 그동안 나는 회사에 목숨을 걸면서 나보다 높은 사람한테 속상한 말을 들어도 말을 못했다. 이제는 누구의 눈치도 안 봐도 되는 제 2막의 인생길을 선택했다.

앞서 말했듯이 나이들어서 일을 해야 하는 이유는 지루함을 없애기 위한 것이라고 나는 말하고 싶다. 우리는 일을 하지 않고는 살 수 없다. 내 나이가 요양원에 계신 어르신과 별 차이가 없다. 나도 곧 그들의 뒤를 따라갈 텐데 내가 혼자서 할 수 있는 일이 있어야 한다. 100세 시대에 내가 하고 싶은 것이 무엇인지 찾아야 노후가 즐겁고 행복한 것이다.

나는 결혼하고 몇 년 안 되어 남편의 사업이 어려워져서 평탄하게 살아본 일이 별로 없다. 책을 쓰면서 조금씩 좋아졌고 아이들이 독립을 하면서 가정도 안정을 찾았다. 그러나 시간이 지나서 생각하니 아이들 키울 때 정신없이 지내던 것이 조물주가 세상 사는 것을 지겹지 않게 하려고 그런 것 같다. 나이가 들어보니 글이라도 쓰지 않고 지냈다면 세상이 더 지겹고 힘들지 않았을까 생각하게 된다.

100세 시대에 내가 하고 싶은 것이 무엇인지 찾아야
노후가 즐겁고 행복한 것이다.

제 2 장

우물쭈물하다가
이럴 줄 알았다

지금부터라도 후반전 30년을 준비하라

나는 아직 준비가 안 되어 있는데 벌써 내 머리엔 흰머리가 쑥쑥 솟아올라 염색하지 않으면 안 된다. 세월 속에 나는 누구란 말인가? 나는 언제 이 세상 먼 길을 걸어온 길 잃은 노년이 되었단 말인가? 세상 위험을 모르고 사는 인생 후반기가 되기 싫었다. 이 좋은 세상이 아깝다. 요즘 시대는 지혜가 아니라 지식으로 변하는 인생이다. 이 인생을 즐기기 위해선 나는 준비가 미흡했던 것이다. 말하자면 자격증만 있으면 먹고사는 데는 아무런 어려움 없을 것이라고 생각하고 지난 세월 속에 배운 대로 나는 나이에 맞지 않는 자격증을 찾아다녔다. 아이들 방과후 교육 등 여러 가지 자격증을 취득하였다.

그러나 그런 일은 경험 없는 나에게 현실적으로 맞지 않았다. 그런 건 나에게 도움이 안 된다고 가르쳐주는 세상은 없었다. 인생 후반기가 되어보니 세상의 비밀을 알게 된 것이다. 1960년생 나이에 너무 몰랐다. IT산업, 즉 기계적으로 혜택을 받지 않으면 억울하지 않은가? 노인 빈곤율이 높다는 일본에 그냥 따라 갈 것인가!

100세 시대가 온 세상에서 요양원에 계신 어르신의 죽음을 목격하는데 나는 이런 이야기를 세상에 알린다는 건 그다지 즐겁지 않다. 씁쓸하기만 하다. 80~100세에 침상 생활을 하는 어르신은 사는 게 사는 게 아니란 말을 많이 한다. 그 어르신들이 폴더폰만 알고 세상의 맛을 모른 채 세상을 떠난다며 안타깝다고만 할 게 아니다. 우리는 어떤가? 스마트폰을 알기 시작한 우리는 남이 만들어놓은 기계에 자신이 남은 인생을 맡겨놓고 있지는 않은가? 아이들이 게임만 한다고 속상해하면서 아이들만 나무랄 것이 아니다. 자기 모습이 어떤지 뒤돌아보고 되짚어볼 필요가 있지 않을까?

100세 넘어 120세란 말이 나온다. 그 생각을 하면 놀 수만 없는 일이다. 건

강보험 기관에서도 의료비 부담이 늘어나게 된다고 하는데, 우리의 부양을 위해 젊은 세대에게 짐을 지게 할 수는 없다. 싫어도 억지로라도 몸을 움직여 세상을 봐야 한다.

아이작 뉴턴의 '거인의 어깨 위에 올라선 난쟁이는 거인보다 멀리 본다'는 말은 역사적인 문장이다. 우리 나이에 거인의 어깨에 타는 위대한 행동은 못해도 오르겠다는 마음은 있다. 그것이 바로 정보화이고 이것이 빠를수록 인생 후반을 준비하기가 좋다.

우리가 마지막 기생 시대가 될 것 같다. 여기서 우물쭈물하다간 죽음의 길목에서 시간이 지나기만 기다리게 된다. 지금이라도 늦지 않았다. 인터넷 카페나 유튜브에 있는 보물을 찾아보자. 또 요즘 사회적 거리 두기로 어려운 시대에 정보의 도움을 받아보자. 젊은 사람처럼 세부적으로 하지 않아도 된다. 네트워크를 할 거면 빨리 시작해야 한다. 앞으론 세계적인 교육들이 온라인으로 나올 것이다.

재산이 별로 없는 사람일수록 지금이 정보를 꽉 잡을 수 있는 기회이다. 여기서 우스운 이야기로 듣고 넘겨주기 바라는 이야기가 있다. 80세가 된 한 노인이 아들과 딸들 다 키워놓고 자기 재산이 1억이 있다고 걱정 없는 나날을 보내고 있다가 몸이 아프기 시작하여 병원에 입원하게 되었다. 그 노인네 자녀들은 80세가 된 엄마가 살면 얼마나 살까 싶어 부모가 가지고 있던 재산을 쓰기로 서로가 합의한 후 병원비 간병비 수술비 등으로 다 썼다. 그 후 10년 지나 부모가 치매로 요양원으로 오게 되자 자녀들은 서로 요양원비 다툼을 한다. 자녀들도 생활이 어렵다 보니 10년씩 요양 생활을 하는 부모의 귀에 대고 빨리 죽으란 말을 하게 된다. 반면에 어느 어르신은 젊은 날에 전쟁터에서 몸을 바치고 평생 나라에서 준 연금으로 요양원 생활을 하고 있어도 자녀들이 어버이날이나 행사가 있는 날에만 부모를 만나러 온다. 그들도 그렇게만 하고 싶지는 않을 것이다. 속마음을 입밖으로 뱉지 못할 뿐이다. 다만 그것이 현실이다.

내가 요양원에 있다 보니 알게 되는 것이 있다. 아파서 돈을 쓰기 시작하면 병원에 다 갖다 주게 된다. 인생 후반에 재산을 가지고 있는 것도 좋은 일이지만 네트워크로 내가 하지 않아도 되는 것을 키워놓으면 그런 일로 슬플 일은 없을 것이다. 지금이라도 IT 공부를 하고 자녀들 요양비라도 덜어주는 당당한 후반 30년으로 산다면 걱정이 없을 것이다. 우리 세대가 제일로 불쌍한 시대인 것 같다.

뒤따라온 젊은 세대는 네트워크로 장래희망을 찾을 것이고 지나간 사람들은 나라에 충성하여 나라의 도움을 받을 수 있었지만, 우리 세대는 뭔가 낀 세대로 이리저리 갈 곳 없는 노년의 생활이 되는 것 같다. 이렇게 둘러싼 환경을 원망하지 말고 악착같이 네트워크를 배워 지탱하면 된다. 마음 놓고 있다간 비참한 후반을 맞게 될지 모르는 불안감에서 벗어나는 방법은 세상에서 주는 전략을 배워서 인생 후반 30년을 내 것으로 만드는 것이다.

한마디로 말하면 네트워크로 인생 후반 준비 계획을 만들라는 것이다. 우리는 제대로 된 노후 준비를 할 수 없다고 본다. 보험이나 국민연금을 생각하는 사람이 대다수라 하여도 맞을 것 같다. 경제 여건이 좋은 사람이야 더할 나위 없이 좋겠지만, 경제적인 것이 없는 사람들은 머릿속으로 걱정만 하게 되는 것이다. 말로만 노후 걱정하지 말고 지금부터라도 인생 후반 준비를 하기 위해 어디든 가서 배우고, 악착같이 자신을 분석하여야 한다. 사람이 이상이 없는데 병원에 가지는 않는다. 아픈 신호가 오면 그때 병원으로 달려가 진찰을 받는다.

돈이 있는 사람은 몸이 아프지 않아도 미리 검진을 받고 건강에 대한 방어를 한다. 몸도 건강할 때 미리미리 정기적으로 점검해야 노후에 건강하게 살 수 있다. 아파도 꾹 참고 통증을 느낄 때 진찰을 받으면 우리의 나이엔 바로 요양원이라는 시설로 들어간다. 내가 심한 이야기를 하는지 모르지만 현실이 그렇다. 어르신들도 준비 없이 요양원으로 들어와 당황하고 자신의 한심한 인생에 대해 후회를 하신다.

인생의 후반을 준비 없이 지낸다면 우리도 그렇게 되지 말란 법이 없다. 그래서 정보화 시대가 우리에게 주는 선물이라고 생각하며 배워야 한다고 말하는 것이다. 워드를 할 줄도 안다면 책을 쓰면서 인생의 준비를 해야 할 것이다. 준비 없는 사람은 세상이 얼마나 잔인한지 나이가 들어서 알게 된다. 세상은 바뀌고 있다. 누구든 배우자고 노력만 한다면 나이와 관계없이 일할 곳이 많이 있다. 나는 "나이드신 분이 우리보다 더 컴퓨터를 잘하시네요!"란 말을 들으며 사는 재미를 느낀다.

따라서 정기적으로 건강 검진하는 것처럼 우리의 인생 후반 준비도 미리미리 해야 한다고 본다. 그냥 흘러가는 시간을 아끼고 활용을 한다면 반드시 외롭게 사는 노인이 되지 않을 것이다. 나이들어서도 아이들에게 짐이 되는 일을 만들지는 않아야 한다. 요즘 세상은 젊은이가 우리보다 더 힘들게 사는

데 우리까지 힘들게 해서는 안 된다.

이제 누구의 도움을 받아서 사는 것이 아니라 자신이 스스로 책임을 가지고 네트워크를 배워야 한다. 나이가 들어서 후회하지 말고 30년을 내다보고 지금부터 준비하자.

정보화 시대가 얼마나 좋은지 장사도 큰돈이 없어도 할 수가 있고 장소도 필요 없다. 나는 워드도 잘 못하고 컴퓨터도 켜는 것도 모르는 사람이었다. 그러나 노력했더니 되더라. 책을 쓰면서 한글 자판도 늘고 이메일을 하는 방법도 배웠다. 우리 나이에 이메일은 공공사회나 학력이 높은 사람들만 하는 줄로 알았는데 책을 쓰면서 이 모든 것을 배우게 된 것이다.

새벽과 저녁 시간은 내 것이다

나는 언젠가 글쓰기를 꼭 배워야겠다고 마음속으로 늘 생각해왔지만, 아이들 공부시키고 바쁘게 살아야 했기에 나 자신을 위해서 시간을 낼 수가 없었다. 어떻게 하다 보니 노후 걱정 위기가 닥쳐왔다. 나는 더 늦기 전에 혼자서 할 수 있는 일을 찾느라 정신없이 다녔다. 나이들어서 할 수 있는 책 쓰기가 좋았다. 경험 없는 내가 이제 막 시작하는데 인생에 어떤 도움이 있을지는 아직은 모른다. 그래도 자식한테 손 내밀지만 않았으면 된다는 마음은 들었다. 하고 싶은 일을 한다는 것은 활력소이다. 책 쓰기를 언젠가 해야겠다는 마음이 들었기에 지금 좋다. 나는 나 자신을 글에서 찾았고 허망하게 끝날 뻔했던 내 인생을 지도를 받으면서 쓰게 된 것이다.

요즘 사람들을 보면 많은 사람들이 유튜브를 고개 숙여 보느라 자기가 뭘 원하는지, 자신이 어떤 열정이 있는지를 모르고 있다. 자신이 할 수 있는 일이 점점 멀어져간다는 자각 없이 살다가 세월이 지난 후에 후회로 땅을 치고 울게 된다. 모두 바쁘게 살고 있다. 모임도 많고 세상에 즐거운 일들이 얼마나 많은가? 우리 집만 해도 그렇다. 남편은 퇴근하고 오면 심심하다고 유튜브와 친구가 되어 자신에게 남은 시간을 유튜브에 반납하며 살고 있다. 우리에게 놀고 먹고 일하고 다 쓰고도 남는 시간은 4시간 정도이다. 아무리 없다고 해도 4시간은 충분히 자신에게 쓸 수 있는 시간이다. 내가 사는 게 너무 팍팍한 건지 모르지만 4시간으로 사는 데 도움이 되는 일을 찾아야 한다.

일을 수동으로만 하는 시대는 가고 있다. 생활이 자동화되어 예전보다는 우리가 할 일이 줄어든 건 맞다. 그런데 요즘이 그 전보다 더 바쁘다. 모든 기계들이 자동화되었다. 쉽게 만들어놓은 간편 버튼으로 살고 있다. 어느 집에

갔더니 커튼마저 자동으로 엄지 하나로 누르면 열고 닫히더라. 그것을 보고 나이들면 손가락으로 할 수 있는 건 책 쓰기뿐임을 깨달았다. 그래야 치매도 덜 걸린다는 생각이 든 것이다. 우리의 몸이 서서히 느려지는 60세가 되면 건강 관리가 잘 안 된다. 이웃집 어르신은 계단만 봐도 다리가 아프다고 하신다.

예전 같으면 나는 텔레비전에 나오는 드라마를 보느라 시간을 가는 줄 모르고 있었을 것이다. 하지만 지금은 퇴직 후 인생 후반을 즐기기 위해 도서관을 찾아다닌다. 시간이 많은 건 아니다. 퇴근 후 저녁 시간에는 남편 저녁 챙기고 남은 시간에 글을 썼다. 일에 지치고 피곤하였지만 나는 24시간을 24+24시간 더한 것 같이 이용하였다. 젊은 날부터 나는 부지런히 일하고 일찍 일어나는 습관이 몸에 배서 새벽 3~4시 정도에 일어난다. 새벽은 가족의 간섭이 없고 남의 눈치 볼 일이 없이 제일 좋은 시간인 것 같다. 남편도 출근이 7시라 새벽은 나만의 시간과 나만의 공간이고 또 밖에서도 조용한 시간대라 공부하기 좋고 글을 읽기도 좋다. 이런 습관이 노후를 책임져주는 데 한몫한 것이다. 그렇다고 회사 업무에 소홀한 것도 아니었다. 남보다 1시간을 일찍 출근하여 한 시간 동안 하루 업무와 네이버를 검색하고 좋은 정보가 보이면 머릿속에 입력한 후 하루를 알차게 근무하였다. 일찍 출근하다 보니 회사에서도 인정하는 사원으로 봐준다. 그렇게 하여 나만의 놀이를 즐길 수 있는 지금의 길을 찾았다. 물론 직장 동료와는 왕래가 별로 없다 보니 밥 먹자고 하는 사람도 없고, 당연히 나는 바쁘다는 걸 알고 약속하는 사람도 없었다.

좋아하는 드라마나 보고 친구와 회식 자리로 다니기만 했다면 책 쓰기는 할 수 없었을 것이다. 결국 누가 해주는 것이 아니라 내가 해야만 하는 인생 후반 준비를 얼마나 노력했는지, 작은 방은 온통 책과 연습장으로 널려 있다. 지금 시대는 농촌에서 새벽에 일어나 고개 숙여 일만 하는 사회가 아니다. 그렇다고 가난하게 산다는 것이 아니라 새벽에 뭔가 하는 사람들이 무궁하게 많다. 나는 일부러 가락시장에 나가 경험해본 적도 있다. 그 후 무리하지 않고서도 돈 벌 수 있는 시간을 만들 것이라 결심하며 마음으로 새벽에 네이버를 둘러보고 효과적으로 활용했다.

나라고 배우는 데 재미만 있었던 건 아니었다. 아무리 좋아하는 책을 쓰라고 해도 고통과 인내심을 가져야 한다. 그 전에는 꿈은 가지고 있는데 도전하기가 두렵기도 했다. 하지만 끈기를 가지고 나는 사람이 하는 일이라면 어느 일이든 다 할 수 있다고 생각했다. 나는 인생 후반에 재산도 필요하지만, 인생을 어떻게 하면 즐겁게 살지를 먼저 생각하라고 말하고 싶다. 이 시대에 우리가 할 수 있는 창업 책을 써서 세상에 알리는 일을 하면 후반 30년은 취미로 살게 될 것이고, 그러다 보면 누군가의 어깨에 올라탈 수 있을 거라고 생각한다. 준비된 사람만이 성공한 사람에게 올라타는 것이고 준비 없는 사람은 신세 타령을 하며 살게 된다. 이제라도 걱정이 된다면 책을 읽고 쓰며 새로운 세상을 바라볼 줄 알아야 한다.

직장을 다니면서 퇴근 후 시간은 내 것이었다. 회사 직원들 눈치 볼 필요도 없고. 다만 나이가 있다 보니 밤늦게 공부한다는 건 힘들었다. 나는 아침에 출근할 때 아예 가방에 여러 책과 공책을 준비해간다. 퇴근 후 곧바로 도서관으로 가서 공부를 하고 집으로 들어온다. 경제적인 것이 아직 넉넉하지 않아 회사를 다녀야 하는데 나는 회사에서 적당히 일하는 것이 아니라 몸을 많이 움직여야 하다 보니 일을 끝낸 뒤엔 몸이 피로했다. 그렇지만 힘이 든다고 회사의 일을 적당히 하지는 않았다. 운영직에서 나를 인정해주었다. 왜냐하면 출근도 1시간 일찍 해서 남보다 먼저 일을 시작한다. 사회생활을 10년이 넘어선 나는 노하우가 있어서 나름 틈틈이 공부도 할 수 있었다.

그리고 아침 일찍 일어나 책상에 앉아 1~2시간은 공부하고 남편의 식사를 준비하고 출근시킨 뒤 내가 출근을 한다. 우리 동네는 노인이 많이 사시는 곳이라 새벽 5시가 좀 넘으면 밖에서 분주한 소리가 들려와 집중이 잘 안되기도 한다. 그러나 이 핑계 저 핑계 대면 아무것도 할 수가 없어 저녁에는 무조건 도서관에서 지내게 된다. 직장 동료들은 그 나이에 공부해서 무엇을 하냐고 혀를 차기도 한다. 나는 나의 성공한 모습을 꼭 보여주겠다는 마음으로 도서관에서 공부를 했고 자격증을 따야겠다는 생각에 우연히 도서 자격증으로 방과후 강사를 할 수 있다는 광고를 보고 자격증을 땄다. 그러나 현실은 내 생각과 달랐다. 나이가 많다는 이유로 자격증이 물거품이 되고 만 것이다. 그러나 자격증을 하나씩 따다 보니 사회복지 대학까지 졸업하게 되었다. 그것도 시간 낭비였다. 어디서도 이력서를 받아주는 곳이 없었다. 그동안 잠잘 것까지 놓치면서 시간을 아껴 공부했는데 나를 받아주는 곳이 한 군데도 없다. 그런데 성장을 하게 된 것이다.

책 쓰기란 보통 힘든 일이 아니었다. 힘들다고 포기하지 않고 끝까지 노력했고 그 노력 끝에는 나만의 책이 완성되어 있었다.

100세 시대, 인생을 즐기며 사는 법

이제라도 걱정이 된다면 책을 읽고 쓰며
새로운 세상을 바라볼 줄 알아야 한다.

- 03 -

미래가 있는 나의 세계를 만들자

나는 50대부터 시작했다. 100세 시대가 되면서 일한 기준이 높아져 60세가 되는 나는 후반에 다시 새로운 정규직 찾아야 하기에 시간을 절약해야만 했다. 지난날 소극적인 인생을 다시 살기는 싫었던 것이다. 이제라도 적극적으로 변하고 인생의 재미를 알게 되었다. 나이가 들면 초조함이 늘어나는 건 사실이다. 내 인생은 준비가 되어 있지 않았던 것이다. 인생 후반에 대한 두려움과 막막한 걱정이 쌓여만 갔다. 뚜렷한 직장이 없던 나는 바느질과 여러 가지의 일을 했다. 그 후 정부에서 시작한 요양제도가 생겨 요양보호사로 안정을 찾았다. 그 후 쉽게 직장을 다녔던 것은 아니었다. 그리고 새로운 일터를 만들기 위해 책 쓰기에 겁 없이 도전하였다.

나는 확신이 없었지만 그래도 해야겠다는 마음으로 썼다. 언제 이렇게 많은 세월이 지났는지, 아직은 젊은 것 같은데 60세가 되었고 빠르게 변하는 정보화 시대에 도전하기 위해 남들보다 2~3배 노력을 해야 했다. 처음엔 그냥 하면 되겠지 하고 용기를 냈지만, 글이란 쓸수록 어려웠고 정년을 앞둔 환갑이라는 나이에 글을 쓰는 건 쉬운 일이 아니었다. 그동안 생각해보면 인생 후반을 위한 미래 설계가 없었다. 살면서 나보다 자식의 미래를 더 생각하느라 나의 목소리 낼 곳이 없다는 걸 알게 된 것이다. 이제라도 날 위해 살아야겠다고 하기엔 더 허덕이며 살았던 것이다.

지금이라도 내 인생의 승리자가 되어야 인생의 후반이 후회 없을 것이다. 자신이 즐기고 싶은 것 하고 놀고 싶은 것만 했다면 지금의 빛나는 인생이 될 수 없을 것이다. 젊을 때는 그 자체가 보석이지만 나이들어선 스스로 찾아야 빛이 난다. 나이 타령만 하면 완성된 사람으로 성장할 수 없다. 나의 동년배

들을 보면 손녀 손자 보느라 인생 후반기가 와도 자신의 삶을 챙기기가 힘들어진다. 자신이 아파도 자식들에게 경제적으로 의지하는 친구가 있다. 요즘 사회는 모든 분야를 배우게 되어 있어서 자신이 찾아나서기만 하면 얼마든지 배우고 내 것으로 만들 수 있다. 그러기 위해선 내 마음을 내가 지배해야 한다.

나는 늙는다는 생각을 하지 않았다. 요양원에 계시는 어르신을 보고도 내가 늙어간다는 것을 인정하지 않았는데 배움을 시작하고 나서 내가 나이들었다고 인정할 수 있었다. 사람은 나이들면 원숙해지고, 인격도 갖추게 되어 나이에 꽃향기를 풍긴다고 했다. 나는 나이들어 젊게 살려고 옷을 젊게 입는 것보다는 새로워지는 학습을 통해 아름다워질 수 있는 옷을 입게 되었다. 배움을 통해 가슴이 뛰었고, 마음이 청춘이 아니라 진짜로 가슴 뛰는 청춘이 되어 새로운 활력을 찾게 되었다. 그리고 나이는 정말 숫자에 불과하다는 말을 실감할 수 있었다. 진정한 아름다움은 화려한 외모가 아니다. 과거에 별것 아니었던 나는 뜻을 품었기에 책과 이어지는 행복을 느꼈다. 이는 돈이 많고 적은 게 문제가 아니다. 사람들을 만나서 여행하는 것처럼 어딘가 갈 곳이 있다는 것이야말로 가슴을 뛰게 하는 것이다.

100세 시대, 인생을 즐기며 사는 법

살 만큼 산 인생 좀 편하게 살지. 가족과 친구의 만류도 많았다. 그들의 말에 따르면, 아무리 편한 생활이라도 그 편안함이 계속될 수는 없는 것이다. 아직 배워야 할 길은 멀지만 아등바등 따라가 배울 것이고, 남들이 뭐라고 하든 나는 나의 인생 후반에 남의 흉내 안 내고 나만의 뚜렷한 세계를 만들어 당당하게 살 것이다. 무엇보다 인생에 쫓기면서 눈치 보고 주눅 들어 살지 않을 것이다. 건축물은 세월이 가면 사라지게 되어 있다. 그러나 종이에 적힌 책은 어디엔가 남아 있을 것이다.

여러분도 이 아름다운 도전을 해보라. 미래도 보장되고 나이들어 외로워할 시간이 없다. 나는 살아남기 위해서 오늘날의 세계관을 만든 것이다. 이제 우리는 인생관이 몸에 배었다. 그런 것을 통제하기는 어려운 일이지만, 바꾸려고 하면 바꿀 수 있다. 스스로에게 물어보라. 삶에서 부란 시간인지, 돈인지.

나는 기계 언어로 부를 만들고 있다. 인생의 즐거움이다. 책쓰기를 할 때도 결국 컴퓨터로 쓰는 것이니 기계적인 언어로 인생을 즐기는 것이다. 나름 즐거움이 있다. 지금은 가장 우리에게 필요했던 창조가 부를 일으키고 있다고 나는 본다. 그렇다면 어떻게 배우느냐? 인터넷으로 찾아도 되지만 나처럼 직접 다니다 보면 눈에 띄는 것이 보일 것이다. 복권 당첨된 사람들도 보면 처음 한번에 되지는 않았을 것이다. 자신이 가지고 있던 돈도 투자하였을 것이고 없는 돈으로 허황된 꿈을 가지고 투자했을 것이다. 그러나 어느 순간에 복권이 되는 건 꾸준한 노력이라고 생각한다.

여행을 가게 되면 가방 속에 중요한 물건들을 하나둘씩 챙겨 넣고 잊은 것은 없는지 수시로 살피게 된다. 너무 많으면 덜어내면서도 더 넣으려는 욕심을 낸다. 가방을 들고 목적지에 도착하고 여행을 마치고 집으로 돌아와 가방을 다시 정리하면 사용하지 않는 물건들이 그대로 남아 있다. 다음부터는 이렇게 많은 짐을 챙기지 않아야 한다고 다짐하지만 다시 여행을 하면 또 같은 행동을 하게 된다. 아마도 다른 사람도 이런 경험이 있다고 생각이 든다. 나는 인생도 이와 같다고 말하고 싶다. 미래 설계를 반듯하게 잘 세워야 나중에 나이들어서 힘든 삶이 되지 않는다.

자신의 인생에 확신이 없으면 여행용 가방같이 짐을 풀었다가 넣었다가 하면서 허송세월만 살게 된다. 나는 회사에 다니면서 나 자신한테 너무 호되게 하였기에 지금이라도 나 자신을 위한 왕궁을 만들 것이다. 이제라도 남은 시간을 나에게 쓰며 인생 후반을 즐기면서 살 것이다. 나이가 들어서 여행을 해 보니 여행을 즐기기보다 짐보따리만 챙기느라 고생하고 제대로 구경을 하지 못하게 된다. 불행도 행복도 다 나 자신이 만들어낸 것이다. 나이들어서 나를 행복하게 해주는 것은 많은 물건이 아니라 아주 작은 것이다. 새로운 도전에 너무 욕심을 내지 말고 하나하나 배우다 보면 어느새 자신도 모르는 사이에 준비된 노후가 되어 즐기면서 살 수 있게 된다.

나이가 들어보니 젊을 때보다는 늘어지고 이해력도 떨어진다. 이제 우물쭈 물하면 시간이 더 늦어질 것이다. 정보화 시대에 기술을 배우지 못하면 책을 쓸 수가 없다. 인생의 설계를 빨리 할수록 100세 시대의 행복을 누리게 된다. 그리고 이제는 핵가족 시대라 우리와 대화하는 사람도 별로 없다. 글로 의사 소통할 준비가 되어야 나이들어 외롭지가 않게 된다. 나도 컴퓨터를 배운 지 몇 개월 안 되고 서툴지만 하려고 노력했기에 계속 늘고 있다. 사람은 나이가 들면 늙어가고 기계는 할수록 능숙해지는 게 이치인 것 같다.

연금상품이 많지만 그래도 우리는 돈으로만 살 수는 없다. 아무리 재산이 많아도 세상을 떠날 때 아무것도 가지고 가지 않는다. 한 어르신은 자신한테 쓰는 게 아까워 병원도 잘 다니지 않고 내가 병원에 가자고 하면 약국에서 타이레놀 한 통만 사달라고 하고 그것만 드시다가 세상을 떠났다. 그러나 떠난 후 어르신의 재산으로 가족 싸움이 일어났다. 재산은 정당히 있고 자신이 할 수 있는 일이 있으면 나이들어 그보다 더 좋은 것이 없다고 생각한다. 결국 자신도 쓰지도 못한 채 자식들 싸움만 시켜놓고 가는 것이다. 돈을 내가 먹을 만큼만 있게 하고 나의 멋진 미래를 만들어 살아야 한다.

월급만 기다리는 건 적을 기다리는 것과 같다

경제가 발달하고 노령화 사회로 접어든 상대적 빈곤이 되고 있다. 부자와 가난의 차이를 두고 어떻게 극복할지 걱정하지 않을 수도 없고, 이미 노령사회로 접어드는 중이라 목욕탕이나 마트에 가보아도 나이든 사람만 보게 된다. 얼마 전만 해도 목욕탕이 아이들로 시끌벅적했는데 이제는 예전처럼 아이들이 많이 보이지 않는다.

내가 요양원에 근무하면서 지켜보니 영양사가 균형 있는 음식을 제공하고 아프면 간호사가 의료진 차로 병원으로 모셔 인공심장, 인공관절, 인공신경, 인공안구까지 제공하는 세상에서 죽으라고 해도 죽을 수 없는 노령화가 되고 있다. 그러기에 노년층에 빈곤이 생기는 건 당연하지 않을까? 당장이야 노인들이 많다고 예전처럼 보리 씨앗 까먹지는 않겠지만 앞으로 젊은이들에게 우리를 부양하게 하지는 말아야 한다.

우리 사회의 복지 수준이 점점 더 높아지고 있지만, 개인적으로도 대책을 세워야 한다. 하지만 개인적으로 어떻게 준비하는지 모르는 상황이라 인생 후반을 맞이하는 사람들은 초조하기만 하다. 나는 경제적인 대한 상식도 없는 사람이었고 세상 물정도 몰라서 직장만 믿고 월급만 기다렸다. 그때는 사느라 노후자금이란 단어가 뭔지도 몰랐는데 50세에 요양원 입사한 후 침상생활을 하시는 어르신을 보게 된 후부터 나는 마음에 커다란 변화가 왔다. 내 인생 절반 이상을 사회에 바쳐 일한 나는 지금이라도 체력이 소진하기 전에 점프해야 한다는 것.

우리 나이는 참 불쌍하다. 조금만 돌아보면 일하면서 준비할 수 있고 꼭 책으로 배워 공부만 하는 게 아닌 좋은 세상인데 왜 그렇게 '나는 안 돼, 나는 못해, 이 나이에 어떻게 해?'라는 말만 하는지 그런 사람들 보면 아쉬움만 남는다. 하려고 한다면 충분히 할 수 있다. 내가 내 마음대로 움직일 때 인생준비가 되어야 한다.

아마 자신을 드러내고 배우기가 부끄러워서인지도 모른다. 지난 세월 어느 정도 자신감을 가지고 살았는데 지금 우리 처지는 실제로 전쟁을 치르고 있는 것과 같다. 상상조차 할 수 없었던 일이 눈앞에 보이는데 안타깝기만 하다. 월급을 믿고 살았던 나는 세상에 만족하고 감사하며 살았다. 그러나 60세가 되니 뒤늦게 출발한 것에 자신감이 낮은 수준에 머물러 있었던 것이다. 월급을 받을 때는 모든 것이 다 잘될 것이라는 낙관론에 젖어 '설마 내가 나이들어서 힘없는 노후가 될까?' 하고 막연한 생각을 했던 것이다.

나에게 어떤 일이 일어날 수 있다는 평범한 것을 소홀히 했다. 그렇게 생각한 나 자신이 몹시 부끄러웠다. 치열한 경쟁 사회에서 나이든 사람이 기댈 수 있는 곳은 많지 않다. 머리를 싸매고 책을 쓴 나는 지금이 꿈인지 생시인지 이해로 분간이 안 될 때도 있다. 인생 후반에 대한 대비가 전혀 없다면 인생 자체가 허망하기 짝이 없을 것이다.

여러 가지 배우는 가운데 수명이 연장되는 우리의 삶을 즐기면서 사는 법을 배울 수 있다고 본다. 컴퓨터와 인터넷 등 가상현실이 자연스러운 시대는 우리에게 새로운 것을 욕망하라고 말한다. 그전과는 다르게 살아야만 인생 후반에 폭넓은 소통을 할 수 있다고 생각한다. 그렇다면 자존심을 내세우지 말아야 하고 지난날의 내가 가지고 있던 삶을 모두 버려야 한다. 나이가 들면 예민한 건 사실이다. 그래도 버려야 한다.

저녁 뉴스나 신문에서 하루가 멀게 노령사회의 모습을 보도한다. 노인들이 외로움으로 쓸쓸히 혼자 남는 허약한 모습을 60세의 입장에서 보면 마음이 서늘하다. 세상은 우리를 지켜보고 있다. 여기서 말하고 싶은 건 나이들면 남는 건 시간이고 미래에는 넓은 세상을 바라볼 수 있으니 노력만 한다면 집에서 앉아서 넓은 세상과 여러 나라 사람들과 대화할 수 있는 시대란 것이다. 이것으로 인생을 마지막까지 즐기며 재미있게 살 수 있게 되고 또 좋은 생각, 좋은 행동으로 이어져 축복된 삶을 살게 된다.

시간은 앞에서 뒤로 간다. 우물쭈물하다가는 지난날 자신이 주장하며 살던 것과 다르게 살 수도 있다. 월급이 아닌 실천을 하지 않는 이상 얻을 수 있는 건 아무것도 없다. 완벽하지 않아도 배우면 남들이 나에게 와서 도움을 요청하게 할 것이다. 그때 내가 배운 걸 가르쳐주면 보람이 생겨 재미나게 살게 된다. 나의 책 쓰기는 하루아침에 이루어진 게 아니다. 직장 다니면서 상사 눈치 보고 가정에서 아내 역할을 하면서 해낸 것이다. 가만히 있으면 시간이 훌쩍 가버릴 것 같아서 모임도 적게 다녔고 제일로 나에게 사용할 수 있었던 새벽 시간을 많이 이용하였다. 그 시간이 낮보다 2배로 효과가 좋았다. 어차피 할 것이면 시행착오를 줄여야 한다. 과거에 사로잡혀 있으면 아무 일도 못하게 된다. 기력이 쇠약하면 그때는 시간이 많아도 체력이 되지 않아 그동안 모아둔 재산에 의지하게 되는 것이다. 그리고 얼마가 있어야 노후를 잘 지내게 되는지 정해놓고 살 수는 없는 것이다.

나이가 들어서 일을 하고자 하는 것은 명예 때문이 아니라, 자신을 표현할 수 있어야 하기 때문이다. 반드시 기억해야 한다. 나이가 들면 외롭다는 것을! 외로움은 누군가가 만들어내는 것이 아니라 바로 자기 자신이라는 것을 잊어선 안 된다. 나이가 들어서도 열정이 없는 것은 외로움의 근원이 된다. 나이 든 우리에게는 익숙한 것을 조금씩 버리면서 새 시대의 것을 배워가고자 하는 의지가 필요하다.

나는 젊은 날을 돈을 벌기 위해서만 썼지, 나를 위해 한 번도 쓰지 못했다. 그러나 이제 내가 하고 싶은 일을 하게 되는 나이가 되었다. 돈은 없는 것보다는 있는 것이 낫지만, 돈이란 어느 한계가 있고 또 잃을 수도 있다. 우리 나이에 돈으로 세월을 기다리는 것보다는 새로운 학습에 무언가를 찾고자 하는 노력이 30년 준비가 된다. 경제가 발달하면서 인공의료도 같이 성장한 요즘 예전 어르신같이 자신의 몸을 어느 누구한테 기대기보다는 나 자신을 스스로 책임을 진다는 마음으로 살아야 한다.

나는 동네 어르신들이 계시는 경로당에 간식을 들고 한 번씩 방문한다. 그곳에 방문하면 어르신들이 화투와 바둑, 장기 등으로 놀면서 서로 의지하며 시간을 보낸다. 나도 곧 그들과 같은 나이가 되고 있다. 나는 인생의 후반에 소통할 곳으로 책과 네이버 카페 등을 열고 무기력하지 않게 독자를 도와주면서 아름답게 100세 시대를 살아갈 것이다.

이렇게 인생을 만들어 나가면 돈도 따라오고, 미래의 은퇴 설계도 필요 없게 된다. 나는 아이들을 키우면서 평생 돈을 모아 집만 한 채 만들었다. 세상과 조화롭게 살고자 한다면 배움이 좀 부족해도 글로 잘 표현해보자. 세상

밖은 무궁하게 열려 있다. 미래를 나침반처럼 잘 가르쳐주는 것이 바로 네트워크다. 네트워크를 몰랐던 나는 책을 쓰면서 인터넷도 하게 되고 워드와 친구로 서로의 마음을 전달하게 되었다. 나이가 들면 지루함이 생기는데 배워 둔 것이 없으면 소통의 길도 막혀 인간관계의 어려움 등 감내해야 할 외로움이 있는 것이다.

현실은 생각과 다르다

　노후준비가 되어 있는 사람은 비교적 쉬운 일이지만 특별히 준비가 안 되어 있는 사람은 국가에 의존하지 않으면 안 된다. 우리는 청년과 중년, 노년을 두고 준비를 해야만 인생 후반기를 무난히 지나간다. 그렇게 시작하지 않으면 국가 기초 수급에 의존해야 한다. 이미 우리는 노령화 시대 들어서고 노후 대비에 적지 않은 어려움을 겪고 있다. 많은 사람들이 기초노령연금 또는 국민연금만 믿고 있지만 현실에서는 노령화 사회로 들어선 노인들이 늘고 있기에 나에게 돌아오는 연금이 적을 수 있으므로 개인적인 준비를 해야 한다. 그래야 내 삶의 수준을 유지할 수 있을 것이다.

나는 직장생활로 국민연금과 작은 저축을 하고 모은 돈으로 노후에 두려워할 필요가 없다고 생각했다. 그것을 절약해서 쓰면 될 줄 알았다. 인생 후반기 제 2막을 시작한 나는 사회에 나가서 보니 마음이 복잡했다. 얼마 전만해도 일자리 걱정은 없다고 생각했다. 적은 연금이라도 나오고 부지런한 나는 오랫동안 나이와 관계없이 어디든 가면 일할 수 있다고 생각하고 살았다. 그러나 60세가 되는 나의 몸이 무리였다. 더 나이가 들기 전에 창직을 할 수 있는 일을 찾아야 했다. 삶을 돈으로 계산할 수 없어도 노후 생활에서 필요 1순위가 돈이라고 한다면, 나이들어 몸이 건강해도 돈이 있어야 하고 삶도 즐거울 것이다. 나는 세상 물정을 모르고 나이가 들었다. 짧은 직장생활로 국민연금과 일반 보험이 있으면 무난하게 살 것이라 생각했지만, 나이들어보니 돈이 많이 필요했고 자식들에게 기대고 용돈을 타 쓰는 것도 딱히 기분이 허락하지 않았다.

인생 후반기는 돈도 필요하고 행복도 필요하다. 그러기 위해 자신이 좋아하는 일을 찾고 취미가 있다면 더 좋은 것이다. 요즘 은퇴로 고민하는 사람들이 부쩍 늘고 있다고 한다. 세상에는 이런 사람들을 위한 해결책이 다양하게 나와 있다. 젊은 날에 고생했다고 여유롭게 여행만 하며 노후를 보내기에는 100세까지 남은 시간이 길다. 대부분의 사람이 '그동안 내가 이만큼 살았으니 돈도 있고 명예도 있으면 되지 않은가?' 생각하겠지만 그보다 더 힘든 건 몸과 정신이 예전보다 기대게 되고, 이런 현상을 자신이 느끼게 되는 것이다. 그리고 준비가 미숙하기 때문에 외로움에 빠져 견디기 힘들어지고 있다.

이제는 노후 인생 2막이란 단어가 사회에 나와 있다. 나이든 분들 스스로 책임을 지고 스스로 살라고 한 말이라고 생각한다. 60세가 되어 나는 주위 정리를 하려고 노력하지만 어쨌든 나에게 생기는 일을 생각하지 않을 수 없다. 젊은 날은 아이들 키우는 정신으로 살았으면 나이들어서는 노후 준비와 삶의 마무리를 고민하면서 살아야 한다. 60세가 되니 내가 생각했던 세상과 다른 세상이 나를 기다리고 있었다. 지난날의 내가 살았던 경험과 다른 방향의 세상이 되었다. 세상을 알면 알수록 '지식'은 알 수 없게만 느껴진다. 스마트 정보화는 공부하지 않으면 나를 웅크리게 만든다.

어떻게든 정보화를 배우고 몸을 움직이자. 정보화 시대에 나는 예전의 나의 모습을 완전히 밀어내고 책을 쓰고 네트워크 시대의 일부를 찾아 영혼을 담았다. 내가 배움이 두려워서 다가가지 않고 적은 연금만 믿었다면 인생에 쓴맛을 봤을지도 모른다. 남이 내 인생을 대신 살지 못한다. 내 인생은 내 것이고 불행도 행복도 내가 만든 것이다. 여러분도 배울 곳이 있다면 두 팔 걷고 배웠으면 한다. 공짜로 배우는 곳도 있지만 효과를 얻고자 하면 돈을 들여서라도 내 것으로 만들어라. 그래야 인생 후반기에 더 바쁘게 성장할 수 있다. 지금의 나는 정신적으로도 바쁘지만 컴퓨터와 대화하느라 더 바쁘다.

우리는 '운'이라고 말하지만 운은 그냥 오는 게 아니더라. 노력하고 노력한 뒤에 운이 따르지 공짜의 운은 없더라. 화분에 꽃을 피우고 싶으면 물 주고 영양분을 주어야 예쁜 꽃으로 건강하게 자란다. 시든 꽃은 철없는 아이들도 보려고 하지 않는다. 우리는 인생 후반에 즐기고 싶은 의욕이 있을 때 옆 사람의 조언에 귀를 기울여야만 노후에 살아가는 보물을 줍게 된다. 그동안 자신이 살아온 지식으로는 인생 후반을 보살피기 어렵다. 지금도 늦지 않았다고 생각한다면 컴퓨터를 한 단계씩 제대로 배워라. 그러면 '어머나 나도 할 수가 있네.'란 생각이 들 것이다. 사람은 누구나 배우면 활력소를 얻는다. '아직은 배우는 게 혼란하고 복잡하다. 그러나 내가 뭔가 할 수 있다는 건 이 시대를 살아가는 데 도움이 되지 않을까 싶다.

인생 후반기를 나를 위한 것에서 찾았으나 지금은 다른 사람과 같이 나누고 또 주고 싶다. 누구든 나에게 찾아만 온다면. 아낌없이 알려줄 것이다. 글을 쓴 사람으로 이것도 봉사라 생각한다. 나는 그동안 직장생활만을 하였기에 늦은 인생 후반 준비를 하느라 꽤 많은 시간이 걸렸고, 복잡한 문제로 마음이 더 급하게 살았다고 본다. 새벽이 아니면 꼭 새벽이 아니라도 저녁 또는 쉬는 시간에 반드시 글을 쓸 수 있는 시간이 있을 것이다. 매일 1시간씩이라도 나 자신을 위해 준비하면 100세 시대가 다가오더라도 지금의 나처럼 두려움 없이 살 수 있다고 본다. 나이들면 어느 곳이든 우리를 불러주는 곳은 없다. 하지만 책을 쓸 줄 알면 네트워크 세상에서 불러줄 것이다.

왜 해야 하는지 가장 중요한 문제는 생계 문제일 수도 있겠지만, 나이들어 무력감이 들까 봐 그것이 제일 중요한 문제다. 인터넷의 시대에 인터넷을 못하는 사람은 글도 못 쓰고, 모든 자동화 결재도 전자로 하게 되어 있는데 못한다. 직장생활만 봐도 결재를 한 번 받으려면 하부조직에서 상부조직으로 다시 상부조직에서 하부조직으로 옮겨 다니는데 이제는 얼굴 마주치지 않고 이메일 또는 전자로 결재를 하는 세상이다 보니 구시대적인 패턴으로 살면 세상 사는 데 어려움을 겪게 된다.

　나도 정보화에 대해 아무 뜻이 없었다. 그러나 세상 밖으로 나와 다녀보니 그것이 중요하다는 것을 알고 배우게 되었다. 컴퓨터 용어가 어려워 참으로 힘들었다. 하지만 그냥 신세타령만 할 수가 없었다. 기계를 다루는 것은 나이에 많아 조금 늦은 것뿐이기에 젊은 사람과 다르지 않다고 생각해서 최선을 다해 배웠다. 흔히 이 나이에 돈이 최고라고 여겼는데 지금은 돈이 목표가 되어서는 안 된다고 생각한다. 나는 나이가 들어서도 돈과 관련된 일들만 찾았다. 그러나 인생은 지루함이라고 나이가 들어보니 아이들이 없고 가정에 남은 사람이 남편과 나뿐인데 돈보다는 내가 어떤 사람이 되고 어떤 사람으로 성장할 인생 후반을 즐기면서 사는 법을 깨닫는 게 더 중요했다.

　삶의 축복은 회사생활을 하면서 희망을 찾고 세상을 넓게 보고 경제적 욕망을 이길 수 있는 용기 있는 사람에게 온다. 나는 직장을 다니면서 늘 마음속으로 사표를 써서 마음 깊숙이 간직한 사람이었다. 언젠가 회사를 떠날 때가 되면 미련 없이 나갈 것이라고 다짐하던 내게 작게 시작한 공부가 희망을 가져다준 것이다. 나는 소도시에 살아서 배울 곳이 마땅하지 않아 서울로 부산으로 다니면서 배웠고 휴일이 되면 즐거움보다 미래에 어떻게 살지를 걱정했다.

　아직은 네이버로 정확하게 의사소통을 하는 데 미흡하지만, 큰돈을 벌었다는 소감이 아닌 나 자신이 시대의 난국을 이겼다는 데 만족한다.
　"내 나이가 어때서?"

　네이버를 다루는 데는 나이가 필요가 없다. 한글을 알고 읽을 줄만 알면 나중에 즐거움이 어울리고 더불어서 살게 될 것이다. 세상에 변하지 않는 것은 없다. 꿈쩍도 않고 제자리만 지키고 산다면 지난날의 어르신들과 똑같은 인생이 될 것이다. 물론 조금은 다르다. 지난날 우리 집안 어른을 의무감으로 모셨지만 요즘 젊은 사람들은 그런 생각은 하지 않을 것 같다. 따라서 컴퓨터를 배워 활용하는 것이 삶의 질을 높여주는 것이라고 자신 있게 전달하고 싶다.

　　　　100세 시대, 인생을 즐기며 사는 법

- 06 -

미래 준비 없이 맞이하는 노후는?

과거에는 노인들이 60세 넘기는 게 힘들었다. 그래서 자녀들이 부모 부양

하는 건 문제가 없었다. 지금 100세 시대에 사는 우리는 자녀들이 중년이 다

되어 같이 나이들어가고 있다. 그들이 부양을 책임질 수 있는 건 한계가 있

고, 자식한테 투자하려고 하지만, 그들이 성공할 확률은 적다. 그러면 자식들

도 세상을 어렵게 살게 되고 같은 불행 길이 되는 것이다. 부모 자식 간에 서

로 한집에서 살면서 눈치 보느라 노후 준비를 실패한다. 내가 모아둔 재산을

자식에게 준다고 해보자. 그 자식이 열심히 일하고 재무설계도 잘되었다고 치자. 그것이야말로 나의 노후가 보장되어 좋은 일이지만 자식의 일이 잘못되면 자식과 같이 매몰되어 세상 밖으로 갈 데가 없어지고 노인이 노인을 모시게 되어 그다음 세대한테도 어려움을 주게 된다.

급격한 사회변화도 있지만, 가족이나 가정의 변화도 있는 것이라 노인 문제가 가족 내부에서도 많이 발생하고 있다. 그런 상황이 되면 자식으로부터 상처를 받고 젊은 날 자식들 잘 키워놓고도 죄인처럼 집 안에 있게 된다. 지금은 과거보다 경제적으로 풍요로워졌지만 젊은 세대가 일정하게 노인부양의 부담을 가져올 수밖에 없다. 노령사회로 접어든 우리의 연금재정 부담도 크다고 한다. 그것뿐만이 아니다. 나이들면 의료비 지출이 더 많아지기도 한다. 빈곤의 확산을 일으키는 원인 중 하나가 노인이 노인을 부양하는 것이다. 그로 인해 사회 빈곤이 늘어날 수밖에 없다. 시간이 지날수록 노인들의 자살이 늘고 있다고 한다. 나는 바로 이것이 문제점이라는 생각이 든다.

내가 아는 분 중 100세 노인과 80세 된 자식이 사는 가정이 있다. 100세 노인은 젊은 날에 비닐하우스에서 상추밭에 하루 일당으로 한푼 두푼 모아 집도 사고 자신의 병원비까지 충당하면서 살아온 분이다. 그 노인은 자신이 노후 준비를 했다고 자부심을 가지고 독립하여 혼자서 사셨다. 그러나 나이가 들어서 혼자서 거동이 안 되고 식사도 혼자서 챙기는 게 안 되다 보니 자식과 같이 살기로 한 것이다. 하지만 80세 된 자식은 어머니의 쌈지 주머니에 용돈이 있다고 믿고 있다가 80세가 되어 어머니 주머니가 비어 있다는 걸 알게 된 후부터 자신이 죽을 때까지 책임져야 하는 노후 자금을 100세 어머니와 같이 썼다고 한다. 5년 사이에 모아둔 돈이 통장에서 쑥쑥 빠져나가 삶이 어려워져서 자식한테 손 내밀게 되더라고 하소연한다.

주간보호센터에 일하는 친구가 나에게 이런 말을 한 적이 있다. 어르신케어를 하려고 어르신 집으로 방문하는데 방문할 때 시장 반찬을 사들고 간다고 했다. 그 집에 90세가 넘은 노인은 치매로 자리에 누워 있고 70세가 된 아들은 뇌졸중으로 한쪽 편마비로 누워 있다고 한다. 나라에서 나오는 수급으로 생활을 한다고 하나 부모의 약값과 자신의 약값을 쓰고 남은 돈으로 생활하는 것을 보니 친구는 반찬이라도 주는 도움을 주고 싶다는 것이다. 돈 벌려고 간 친구는 자신의 주머니를 털어서 그들의 먹을 것을 준비하게 된다고 한다.

나는 이런저런 이야기를 듣고선 바로 신용카드부터 없앴다. 최대한 절약하기 위해 승용차보다 버스 이용하고 비싼 옷보다는 사장 옷을 입고 눈에 띄는 물건이 있어도 카드가 없으니 아이 쇼핑만 하고 돌아온다. 나는 자린고비 독한 구두쇠는 아니다. 인생 후반 미래를 위해서 절약해야 살 수 있다는 생각 가지게 되고, 보이지 않는다고 내 돈이 아닌 남의 돈을 함부로 쓰고 마트 가면 지금 사지 않아도 될 제품을 장바구니에 하나 더 담게 되는 마음이 든다. 보이지 않는 남의 돈, 즉 카드가 이 없으니 마음이 편해지고 미래가 있는 인생을 즐기면서 살 수 있을 것이라 생각한다.

우리는 잔돈 푼돈이라도 모아서 절약하는 철학이 기본이 되어야 한다. 60세 넘으면 일확천금 투자자라도 자신의 재산도 정리하는 과정으로 들어서야한다. 젊은 날처럼 기분대로 살다간 노후엔 병원비도 자식들에게 기대게 된다. 나이가 들면, 늙고 병들고 무기력한 건 어쩔 수 없는 것이다. 인정하고 싶지 않지만, 나이 앞에 장사 없다고 하는 어르신들이 말이 흘러간 말이 아니다.

나는 자식들 공부도 중요하지만, 공부와 곁들여 제 밥벌이를 하도록 청소년 시절부터 가르쳤다. 그런 노력이 있었기에 지금은 홀가분한 마음으로 나의 미래로 가는 책 쓰기를 열심히 하고 있다.

농부는 노래를 부르면서 논에 모를 심는다. 나는 논이 아닌 컴퓨터로 자판을 두드리며 글을 쓰고 있다. 농부가 노래를 부르면서 허리를 구부려 일하는 건 다음에 얻을 수확의 기쁨을 알기 때문이다. 마찬가지로 나는 의자에 앉아 허리를 구부려 독자들이 내 책을 보게 될 기쁨을 기다리면서 책 쓰기를 즐기고 있다. 70세가 금방 다가올 것이고 취미도 되고 놀이도 되는 글쓰기는 노후에 또 다른 재미다.

주로 나는 새벽을 이용해서 글을 쓰고 있고 남은 시간에 인터넷도 살피면서 좋은 정보가 있으면 또 다른 강의도 한 번씩 들어본다. 글을 쓰려면 많은 정보도 알아야 하는데 네트워크가 취약했던 나는 이제야 시간 가는 줄 모르고 재미있게 살게 된 것이다. 한참 지나 아침 해가 떠서 빛이 창문 사이로 비집고 들어와 나는 깜짝 놀라서 남편의 출근 준비를 하기도 했다. 그 후 다시 바쁘게 쓰던 글을 마무리한다. 우리는 자신을 잘 알고 있다고 한다. 그러나 대부분 자신에 대해 잘 모르고 지낸다. 나 또한 그렇게 살아왔다.

미래에 대한 계획을 만들어두고 살아야 나중에 후회가 없게 된다. 우리 나이에 부유하게 사는 사람이야 노후 준비가 필요하지 않겠지만, 나는 제대로 된 은퇴설계를 해두지도 못해서 지금에 와 미래를 준비한다는 것이 쉽지 않다. 보험이라든지 금융에 대한 것도 모르고 경제적인 것도 자세히 알지 못하는 나는 몸이 아파 병원이라도 다니게 되어 돈을 쓰게 되면 큰 문제다. 따라서 내가 살고 있는 집이 큰돈이 되는 것도 아니고, 남들처럼 놀고 있는 자산이 있는 것도 아니고, 노후 보험 하나 못 만들어놓았던 나는 늦게나마 배운 것이 글쓰기였다. 남들이 은퇴 5계명에 대해 설명하는 동안 나는 은퇴 준비 5계명이 되지는 않았더라도 인생 후반에 무력감이 없으면 그나마 괜찮은 인생이 되지 않을까 싶어 공부를 시작해 대학을 졸업했던 것이다.

늦게 IT 산업 용어에 대한 사전을 찾아가면서 배우다 보니 나 자신이 뒤처져 살고 있었다는 것을 알게 되었다. 월급을 받을 때만 해도 모든 것이 다 잘될 것이라는 낙관론에 젖어 '설마 내가 나이들어서 힘없이 살까? 나에게 불행한 일은 안 일어나겠지.'라는 평범한 생각을 하고 있었다. 하지만 나이가 들어서 시작한 노후 준비로 생각이 달라졌다. 치열하게 경쟁하는 사회 속에서 내가 기댈 수 있는 곳은 적다. 시간 날 때마다 배우는 것을 좋아한 이것이 노후 준비가 된다고 생각한다. 나는 자질구레한 공부를 많이 해서 인생 자체가 허

100세 시대, 인생을 즐기며 사는 법

망하지 않게 된 것이다.

　100세 시대에 살고 있고 또 그 시대로 와 있는 우리는 이 시대가 마냥 좋다고만 할 수가 없다. 요양원에 근무하는 나는 치매를 앓는 분들을 자주 보았다. 나이가 들면 의사나 간호사한테 의지를 하게 되고 일상생활도 불편하고 의욕이 떨어지고 무력감이 커져서 행복을 느끼기 어렵다. 삶의 대한 행복이 떨어져 사는 것이 내 마음대로 잘되지 않는다. 그러나 그대로 지내기엔 세월이 길다. 그만큼 우리도 무언가를 준비하여 다가오는 인생의 후반을 잘 맞이해야 한다.

07

창업이 아니라 창직을 준비하라

직장이 없는 시대가 온다고 하는데 나는 사무화나 큰 사업체가 만든 이야기라고 생각했다. 책을 쓰면서부터는 그런 생각을 하지 않았다. 본론으로 말하고 싶은 건 그만큼 경제활동이나 프리랜서로 활동이 많이 늘고 있다는 것이고 로봇이 인간의 일자리를 대신한다는 것이다. 알면서 준비 못한 우리는 걱정이 이만 저만이 아니다. 나는 프리랜서 같은 일자리가 아닌데도 오랫동안 직장을 지킬 수 없다. 정년이라고 해봐야 60세까지다. 그러나 100세 시대가 아닌가, 오랫동안 직장의 자리를 지킬 수 없는 우리는 퇴직을 하면 제일 먼저 드는 생각이 창업이다. 1위가 식당이라 하고 2위는 옷 가게라고 한다. 창업이란 누구든 할 수 있지만 성공 가능성이 딱히 크지 않다. 특히 우리같이 직장생활만 하던 사람은 세상물정을 몰라서 더 어려움을 겪기도 한다. 준비를 하지 않으면 늘어난 수명으로 인한 즐거움은 사라지고 보장성 없는 노후를 맞게 된다.

창업은 젊을 때하여 경험을 얻고 실패도 하고 사회에서 주는 가르침이 있어야 한다고 생각한다. 직장 생활을 하는 동안 이론만 알고 현장을 잘 알지 못한 상태에서 인생 후반을 바꾸는 건 바람직하지 못하다고 본다. 어느 강의에서 평생직업의 시대는 '창직'이라고 설명을 들은 적이 있다. 창직이 나이든 우리에게 어색하지만 너무 깊이 어렵게 생각할 필요는 없다. 창직은 누구나 하면 직업이 되는 것이다. 앞으로 창직으로 새로운 직업을 찾아서 만드는 사람이 많다고 한다. 나도 그 말이 맞다고 생각한다. 그러기 위해서 먼저 기계적인 언어를 사용하는 것부터 배워야 하고 돈 없이 할 수 있는 일을 찾아야 한다. 나는 책 쓰기를 권하고 싶다.

나는 60세가 다 되어 다시 태어나는 마음으로 노력하며 창직을 만들고 있다. 그런 사투가 있었기에 지금 색다른 기쁨을 느끼게 된 것이다. 나의 삶을 되돌릴 수 없지만 돌아간다고 해도 책 쓰기를 할 것이다. 직장도 글을 쓰는 직업이 아니었는데 60세가 된 내가 책상에 앉아 글을 쓸 수 있게 되고 컴퓨터 개발자에게 감사하게 느낀다. 글을 쓰고 있다고 우리 남편과 아이들도 감탄사를 보내주니 즐거운 마음이 든다.

끝까지 글을 쓰게 된 내 자신한테 감사하다. 배우는 과정은 매 순간이 어려웠지만 그 과정이 있었기에 오늘날 나에게 희망이 생겼다. 어느 누구든 자신이 가지고 있는 가치는 다르지만 사람의 날개를 달아주는 사람은 따로 있다. 무덤에 이름을 새기는 것보다 책에 이름을 새기란 명언이 아직도 내 귀에 생생하다. 그런 말에 귀를 기울였기에 창직에 대한 꿈이 있었던 게 현실로 나에게 다가왔다. 이 과정에서 결단코 쉽게 시작한 게 아니다. 한 고개 넘고 나면 또 다른 장벽이 있어 자신과의 싸움을 이겨야만 한다.

나는 미지의 세계에 나이들어서 도전했다. 나의 약점을 밖으로 드러내어 꿈꾸던 글쓰기와 연결되었지만, 나의 한계선을 넘지 못해 제자리에 머무르며 꼭 뒤에서 사람이 밀어도 나가지 않는 고장 난 자동차 같기도 했다. 기계적인 언어가 하나하나 쌓이다 보니 그것도 경험이 되고 다양한 언어의 만남을 나의 몸과 손가락이 받아주게 된 것이다. 나의 책이 누구에게든 도움이 되었으면 한다. 늦었다고 생각하기보다는 하지 않는 게 늦은 것이라고 전하고 싶다.

컴퓨터에 익숙해지면서 일상생활이 편안해지고 집에 혼자서 일하며 첫째로 말하는 친구가 많아져서 좋다. 직접 친구와 만나는 것도 즐거움이지만, 모니터로 바라보는 글감의 친구도 삶에 활기를 준다. 책을 쓰고부터는 새 직업을 찾게 되었고, 내 노력으로 돈을 벌게 되었다. 돈은 원래부터 이름이 없다는 걸 이때 알게 되었다. 부자와 가난은 돈이 결정하는 게 아니라 사람이 결정하는 것이라는 사실을 알게 되었다. 그리고 지난날 열심히 살았는데 왜 나는 부자가 되지 않았는지를. 나는 열심히 했지만 나 자신이 아닌 다른 곳에 열정을 바쳐 일했기 때문이다. 책을 쓰고 네이버로 돈을 벌 수 있는 길이 있는데 그동안 직장에 인생을 다 바쳤다. 사람들은 대부분 나처럼 직장과 사회, 열심히 남을 위해서 살아가고 있을 것이다.

직장생활보다는 창직이 더 편한 세상이라 빠르면 빠를수록 더 많은 가치를 얻게 될 것이다. 책 한 권이 넓은 세상으로 우리를 데려다줄 것이고, 직장 동료들과 집안 친척들도 나를 우러러보게 될 것이다. 생각만 해도 기쁨이고 인생을 즐기며 사는 재미가 있다. 시간은 지나면 돌아오지 않는다. 인생도 같다. 죽는 날까지 용돈 받는 것보다 내 주머니 속에 있는 돈으로 자식한테 당당하게 주는 부모로 나이들고 또 나를 보고 직장에 목숨 걸고 일하지 않아도 된다는 걸 보여주고 싶다.

　사회적인 변화로 이제는 직장이 아닌 직업이 필요할 때가 되었다. 나는 사회생활을 하면서 일자리를 몇 번씩이나 옮기고 다녔다. 요즘 사람들을 보면 투잡을 많이 한다. 낮에는 직장, 저녁에는 알바로 다른 일을 하면서 빠듯하게 사는 것이다. 나도 그렇게 살아오느라 창직을 준비할 수가 없었고, 사회적으로 발달이 잘되어 있어서 현대적인 생활에 적응하기가 어려워 더욱 어려웠다. 그리하여 다른 일자리를 찾아서 하게 된 것이다. 강의를 듣기 위해 서울에 가보니 많은 사람들이 혹시나 다른 일을 배워서 지금 직장에서 벗어나고자 했다. 우리집만 해도 아들이 대학에 다니면서 여러 알바를 했지만 직장 하나로만 생활하기에는 너무 빠듯한 생활을 하고 있다.

　오늘날 정보화 시대를 어렵다고 받아들이기를 저항하기보다는 새로운 시대로 받아들이고 모색해야 한다. 평생직장이란 것은 이제는 사라지고 없다. 언제라도 그 직장을 떠날 수 있다는 마음으로 근무를 했어야 한다. 그래야 창직에 대한 노력을 추진할 수 있었을 것이다. 은퇴 후 창직에 대한 시작이 늦어 인생의 난관을 겪게 되면 삶도 그만큼 무력감을 갖게 된다. 또 좋은 창직도 찾기가 어렵게 된다. 미리 준비하면 나이가 들어서도 기쁨이 2배가 될 것이다. 그러나 준비가 없는 창직은 돈과 힘을 다 빼앗겨 인생 후반에 살아남을 수가 없게 된다. 돈도 많이 안 들고 장소 없이도 할 수있어야 하는 창직을 찾아야 하는 것은 많이 알고 있다. 단지 실천을 하지 않을 뿐이다.

나이가 되면 쉬운 일이라도 쉽게 할 수 없다. 마음은 청춘인데 몸은 늦어지고 있다. 이 점을 꼭 인정하여야 한다. 그래서 미리 연습도 필요하고 그 과업을 습득하도록 노력해야 한다고 말하고 싶다. 창직을 하는 데 나이들어서가 아니라 직장을 다니면서 준비하면 현실의 어려움을 줄일 수 있다. 은퇴 후 연금은 52세부터 시작을 할 수가 있다고 한다. 받을 수가 있는 것은 노령연금도 있다. 우리 시대의 복지가 썩 잘되어 있지는 않지만 그렇다고 못 되어 있는 것도 아니다. 우리 사회가 이미 노령화 사회라고 하는 데 예전과 같이 상가를 빌려서 창업을 하는 것이 아니라 장소가 필요 없고 자본이 많이 들지 않는 창직을 찾는 것이 이 시대의 흐름이다. 나는 그중 책을 쓰는 창직을 만들어서 미리 연습하고 있다. 어떤 사람은 유튜브로 상당히 많은 수익을 창출한다고 한다. 그들도 처음부터 잘한 것이 아니다. 누군가에게 배웠을 것이다. 나 또한 어디든 다니며 배운 것을 지금 세월에 맞게 적용을 하게 된 것이다. 노력 없는 희망은 없다.

08

취미를 활용해도 인생 후반 보장된다

나는 몇 달전 가족들에게 책을 쓰고 싶다고 말을 했다. 가족의 반응은 좋

았다. 아들은 '엄마가 나이가 있어 힘들지 않겠느냐, 글을 잘 쓰는 분들이 많

이 있는데 엄마는 컴퓨터도 잘 다루지도 못하는 사람이지만, 우리 엄마는 도

전하는 정신이 우리들보다는 월등하게 좋은 분이라서 잘할 수 있을 것이다'

라고 말했다. 오래전부터 글을 한 번 써보고 싶었으나 살림살이가 여유롭지

않다 보니 그동안 잊고 살았다. 이제는 아이들도 다 커서 각자 자신의 일로

독립을 한 상황이라 내 도움이 덜 필요하다. 이제는 나를 위해 무언가 할 나이라고 생각하게 된 것이다. 나이들면 좋은 점은 시간을 온전히 나를 위해 쓸 수 있다는 것이다.

　은퇴가 가까이 다가온 나는 작은 가게를 운영할까도 생각했으나 그것도 쉬운 일이 아니고 나이들어 함부로 장사를 하는 게 아니라는 생각이 들었다. 그러나 책을 쓰면 큰돈이 안 들어도 인생 후반에 용돈은 벌 수 있을 것 같았다. 주위에 친구들을 만나면 앞으로 어떻게 사느냐가 큰 걱정이다. 그렇다고 마음으로 걱정만 하면서 시간만 보내는 게 아니라 자신이 평소에 잘하고 좋아하는 일을 찾아서 브랜딩하면 세상 사는 데 돈 걱정은 없을 것이라고 생각한다. 나이가 젊든 나이가 많든 돈은 꼭 있어야 한다. 젊은 날처럼 능력으로 사는 게 아니다 보니 대비를 이제라도 시작해야 한다. 무엇으로 시작하면 될지는 네이버에 많이 나와 있다. 그러니 자신이 가지고 있는 취미나 좋아하는 일을 플랫폼으로 만들어서 네이버에 내놓는다면 많은 사람들이 찾아올 것이다. 그러나 다른 사람들도 많이 하기 때문에 가벼운 생각으로 도전하는 것은 위험하다.

　주위에 보면 젊은 날의 취미로 직업을 만든 분들이 꽤 있다. 뜨개질 잘 하는 분이 유튜브로 수익을 올린다고 하고, 또 한 친구는 분재하는 취미가 있어 먹다 남은 과일 씨앗으로 싹을 틔우고 관상용 과일나무로 키워 네이버로 판매하는 등 취미가 창직으로 변하는 걸 보게 된다.

나는 바느질 아주 잘하는 사람이지만 취미로 하기엔 눈이 침침하고 또 영상으로 만들어야 하는데 누군가 내 옆에서 앉아서 일일이 지도하는 사람도 없다. 그래서 네이버에서 물건 사는 것도 아이들이 집에 오기를 기다렸다가 구매를 한다. 그런 내가 영상으로 물건 파는 건 너무 어렵다고 느껴졌다. 요즘 바느질은 부업으로 하기에 수입이 적어 배우고 싶은 사람이 없다.

용감하려면 무식하라고 말한 게 생각난 나는 가족들을 모여 앉혀놓고 책 쓰기 도전에 대해 선포했다. 나는 글쓰기를 제대로 해본 적도 없지만 뒤늦은 나이에 이제라도 해보자 싶었다. 퇴직 후 사업은 위험하고 글쓰는 건 차별이 있지만 전문적으로 책 쓰는 사람이 많아서 나도 도전하게 된 것이다. 그 길을 선택한 나는 내가 가지고 있는 지식으로는 효율이 떨어진다. 시간을 아껴 쓰려면 누군가에게 빠르게 배워야 인생 후반에 꿈꾸던 일에 이르고 남은 인생을 즐기면서 살 수 있다. 바다에 나가보면 사람들이 윈드서핑을 즐긴다. 그들을 보면 깊은 곳까지는 힘들게 밀고 간다. 그런 후 큰 파도가 오기를 기다렸다가 높은 물결이 보이면 힘을 다하여 그 큰 파도를 탄다.

　나는 글을 쓰기 위해 끊임없이 내공을 쌓아 올렸다. 만약에 그렇게 하지 않았더라면 빠르게 성장하지 못했을 것이다. 그동안 많은 일을 하고 살아온 나는 이제 즐거움을 채우는 네트워크에 호기심을 갖고 글을 쓰게 된 것이다. 나의 삶에서 무엇을 이루겠다는 목표 없이 무작정 일하던 지난날을 자랑할 수 있게 되었고 그런 나 자신을 칭찬해주고 싶다. 명예도 없고 감투도 없는 아쉬운 내가 작가로 남게 될 줄이야. 또 다른 사회로 나가는 문을 열어준 멘토에게 감사를 드리고 싶다. 늘 시간이 없다는 말을 입에 달고 살았던 100세 시대에 대비해서 책 쓰기를 잘했다는 생각이 든다.

　나의 미래가 궁금하기도 했다. 호기심으로 능력을 발휘하여 취미나 자신이 가장 좋아하던 일을 한다면 그동안보다 더 좋은 인생으로 살 수 있다. 혼자서 할 수 없으면 나처럼 다른 사람의 힘을 얻어서라도 미래를 향해 가야 한다. 어떤 새로운 일을 시작하는 데는 용기가 필요하다. 나와 비슷한 사람이 꽤 있다. 그들도 어떤 일을 해야 인생 후반을 순탄하게 지낼 수 있는지 많은 고민을 한다. 가능한 직장생활을 오래 한다면 이보다 더 좋은 것이 어디 있겠는가? 하지만 청년들도 일자리가 없다고 하는 가운데서 우리 나이가 오랫동안 버티기는 어렵다. 어쨌든 새로운 시작을 하려 한다면 체력이 뒷받침될 때 새로운 일을 찾고 세상과 소통하는 노후가 되어야 한다.

우리 나이에는 일찍 일어난다. 70~80세가 되어 뒷방에 앉은 노인이 되지 않아야 한다. 어딘가는 출근하지 않아도 되는 나이에는 아침을 알리는 알람이 필요가 없다. 젊은 시절은 부지런하여도 잠이 많이 와 일찍 일어나는 것이 싫었는데 나이가 드니 알람이 필요 없을 정도로 저절로 일어나게 되는 것이다. 어르신들이 자기 나이가 되어보라며 잠도 없고, 할 일도 없어진다고 했는데 내가 그 나이가 되어보니 같은 말을 하고 있다.

자유가 있다는 것은 좋은 일이지만, 긴 세월을 어떤 식으로 지내야 할지 마음의 준비가 필요하다. 나는 열심히 잘 살았다고 하는데도 인생이 더 잘되기를 기대하게 된다. 너무 앞만 보고 살면서 취미 하나를 만들어놓고 살지 못했다는 생각을 하게 되었다. 어느 날 나는 가족에게 책을 한번 써보는 인생을 살고 싶다고 설명했다. 남편과 아이들은 엄마가 그동안 힘든 과정을 지내고 살았던 만큼 이제는 자유롭게 책 쓰기에 도전하라고 응원을 해주기도 했다. 나는 컴퓨터를 잘 다루지 못하는 사람인데 아이들이 다 독립하고 나니 도와

줄 사람도 없어서 처음에는 힘들었다. 하지만 나는 이 기회에 도전해보기로 했다. 컴퓨터에 대한 어려움이 있지만 그래도 한번 해보자며 도전 정신으로 했다. 나이가 들면 좋은 점 하나는 뚝심이 있다는 것이다. 그것이 나이들어서 좋은 점이라고 한다. 나를 위해 시간을 쓸 수 있다는 것도 하나의 좋은 점이라고 생각한다. 그동안 나를 위해 해보았던 일은 없었다.

남들은 컴퓨터를 배우는 것이 무슨 대수냐고 하겠지만, 우리 나이엔 컴퓨터를 접할 일이 많지 않다. 모임에 나가 보면 컴퓨터 배우는 것을 매우 어렵게 생각하는 친구들이 꽤 있다. 나는 남이 만들어놓은 것보다는 스스로 만들어서 인생 후반에 용돈 정도는 벌어야 하지 않느냐고 말한다. 내 첫 직업은 재봉틀로 옷 만들기였다. 그때도 가정이 어려워서 학교보다 기술을 먼저 선택하는 시대였고 그렇게 살면 세상 사는 데 어려움이 없을 것이라고 생각했다. 그때는 기술만으로도 살 수가 있었는데 이제는 아이디어만 있으면 창업을 하는 시대다. 취미를 활용하여 정보를 같이 나누는 인생의 후반이 되어야 한다.

나는 미래가 궁금하기도 하였지만 그 궁금증을 마음에 담고만 있었다면 새로운 인생을 선택하지 못했을 것이다. 인생 후반에 새로운 일을 시작하는 데는 용기가 필요하다. 내가 제일로 잘하는 취미가 인생의 후반을 보장하는 경우가 많다. 내 주위에 사는 한 노인은 젊은 날에 배웠던 바느질로 원단을 끊어서 두건을 만들어 판매하는데 그 일에 나름의 재미가 있다고 한다.

100세 시대, 인생을 즐기며 사는 법

나는 미래가 궁금하기도 하였지만 그 궁금증을 마음에 담고만 있었다면 새로운 인생을 선택하지 못했을 것이다. 인생 후반에 새로운 일을 시작하는 데는 용기가 필요하다.

제 3 장

인생 후반전은
후회 없이 행복하게 살아라

자신의 삶을 드라마 같이 만들어라

나는 열심히만 살면 사회적으로 성공할 줄 알았다. 그리하여 젊을 때부터

바느질로 열심히 살았다. 30세부터 고민 없이 손기술만 믿었다. 밤잠도 줄이

고 청춘도 미뤄두고 열심히 살았다. 정말 나는 내 몸과 시간과 인생을 다 바

쳤다. 물론 중간에 다른 일을 시작하여 그나마 세상의 즐거움을 조금씩 알았

지만 나의 살림은 나아지지 않았다. 내 위에 월등한 기술자들이 밤잠을 줄여

가면서 평생을 바느질을 해도 나와 비슷한 생활을 하는 것을 보면서 이것 말

고는 다른 게 없는지 찾고 싶었지만 찾을 시간조차 없었다. 어느 날 나는 다른 직업을 찾다가 다른 세상을 알게 되었지만, 또 다른 사회생활도 마찬가지였다. 서로 경쟁하며 남을 이겨야만 살아남는 세상이었다.

나는 사회적으로 서로 엉킨 관계 속에서 '난 왜 저 사람들보다 낮은 직급으로 살까?'라는 의문을 가지고 인생의 새로운 도전을 하기 시작했다. 스스로 용기를 내서 검정고시로 대학 4년을 졸업했고, 이 과정에 많은 노력을 들였다. 그러지 않고는 인생 후반의 사회인이 되기는 어려웠다. 그 과정에서 상처도 있고 쓸쓸함과 슬픔도 있어 내 몸한테 미안하고 안쓰러웠다. 아프기도 하고 피곤이 쌓여 때로는 가족에게 짜증을 냈지만 결국 어려움을 극복했다. 인생에 굴곡이 있기에 지금의 나에 대해 초라함이 없다. 사는 게 힘들다고 세상을 향해 불만만 하고 남 탓으로 핑계로 삼았다면 지금 60세에 쉽고 빠르게 성장하기 어려웠을 것이다.

나이들어서 또 다른 목적을 위해 자는 시간과 친구들 만나고 즐기는 시간을 줄인다는 것은 쉽지 않은 것이다. 인생이 드라마처럼 각본이 짜여 있는 것도 아니다. 모두 주인공이 되어 달콤한 삶을 살면 좋겠지만 인생의 황홀한 드라마는 아무나 만드는 것이 아닌 것이다. 같은 나이대의 사람들 이야기를 듣고 있으면, 시간을 거슬러 올라가 자신의 황금기에 대해 말한다. 그 시절을 벗어나지 못한 채 젊은 날과 같은 헛된 꿈에서 벗어나지 못하고 괴롭다고 한다. 그러나 인생에 투자 없이 드라마가 생길 수 없는 것이다.

　나는 책 쓰기를 하면서 컴퓨터에 재미를 느끼게 되었다. 처음에는 컴퓨터를 접한 적이 별로 없어서 배울 때 한숨이 절로 나오고 다른 사람들이 어떻게 배웠는지 의문도 들었다. 그때 '이세돌이 처음부터 바둑을 잘했을까? 어떻게 알 수 없는 미로를 찾아 승리를 할까?'라는 생각을 했다. 그 원리을 알려고 어렸을 때부터 노력하였기에 이세돌을 따라갈 사람이 없다는 것이다. 복잡한 바둑판을 보면 나는 그가 천재인가 하는 생각을 하게 된다. 하지만 노력 없는 천재가 어디 있겠나? 몇 년 전에 나는 바리스타 자격증을 땄다. 그때도 처음 하는 것이라 커피 용어들이 생소하고, 우유로 거품을 내어 무늬를 내는 그림이 어찌나 어려운지, 그것도 노력으로 했다. 컴퓨터의 세계도 같다. 창작이 얼마나 신기한지 배우다 보면 다른 사람들처럼 맛깔 나는 미디어가 될 것이다. 가득찬 호기심으로 매일 쉬지 않고 노력해서 엑스트라가 아닌 책 속의 주인공이 된 것이다.

아직은 부족한 것이 많다. 남이 만들어놓은 것을 구경하기보다 나 나름대로 갖고 있는 취미나 좋아하고 잘하는 것이 있다면 그렇게 인생을 즐겨보자. 우리 나이에 정보의 습득은 좀 느려도 새롭게 시작하는 공부가 굉장히 흥미로울 것이다. 학교에서 수학 문제를 푸는 게 아니기 때문에 컴퓨터 유튜브를 학습하고 소화하기만 한다면 우리도 드라마 같은 영화을 찍을 수 있게 된다. 순서대로 읽고 그대로만 따라 하면 되는 게 컴퓨터인 것이다. 휴대폰에 사진을 못 찍는 사람은 없다. 그렇게 쉽게 배울 수 있는 컴퓨터이다. 모르니까 어려운 줄 아는데 막상 알고 나면 컴퓨터는 어렵지 않다. 책 쓰기는 나와 거리가 먼 것인 줄 알았던 나는 글쓰기를 하면서 전환을 맞이했다. 글을 쓰는 재능이 있어서 책을 낸 것이 아니었다. 우연찮게 시작했고, 그로부터 내 삶이 친구들과 다르게 변해가는 것이다.

사람은 배우자고 하면 세상 밖으로 나와야 한다. 새로운 것에 부딪치고 고민도 하고 경험을 하면 발전하게 된다. 죽을 때까지 완벽하게 살 수는 없지만 적어도 한 번쯤 집중받으면서 살 줄 알아야 한다. 생활의 실패로 정신없이 살던 나는 60세가 되고 보니 내세울 것이 아무것도 없었다. 책 쓰기를 배워서 남이 내 것을 가져갈 수도 없고 오직 내가 지킬 수 있는 재산을 만든 것이다.

시작하지 않으면 얻는 게 없다. 시작은 어렵지만 열매는 달다고 했다. 시작하지 않는데 열매가 달 이유가 없는 것이다. 나이든 청춘은 시간이 많다. 우리가 산 경험은 꽤 있다. 지금의 나이가 제일로 황금 시간이다. 우리는 인생 100세 시대를 기다릴 필요가 없다. 지금 이 순간 아무것도 하지 않으면 인생은 무력해진다. 운동하고 몸을 심심하지 않게 해주는 것이 제일이다. 내세울 것이 없다고 하기 전에 자신만의 재산을 만들어 인생을 즐기면서 살면 된다.

나는 어릴 적부터 아버지가 안 계셔서 지긋지긋하게 가난하게 살면서 나중에 커서 이 가난을 벗어날 것이라고 다짐했다. 공부보다 기술을 선택했다. 결혼 후 꼭 드라마 대본을 짜놓은 것 같은 가난이 싫어서 기술을 배웠지만 가난을 벗어나지 못했다. 물론 처음부터 가정이 어려웠던 것이 아니고 IMF 시절에 남편의 사업이 어려워져서 가정 경제가 어려워지자 생활전선에 뛰어들어야 했다. 힘들었던 삶이 평생 해본 적도 없는 길이었던 책 쓰기로 성공한 삶으로 변화되었다. 누구든 자신이 하고자 하는 일이 있다면 자주 자신에게 주문해보는것이 좋다. 지금에 와서 나의 인생을 돌아보면 각본이 짜여 있는 것도 아닌데 마치 드라마 같다. 그리고 고생 끝에 그 이야기를 쓰고 있다.

지나온 세월을 생각해보면 남이 해준 것도 아니고 내가 만들어서 이만큼 온 것이다. 누가 불행하라고 시킨 것도 아니고 행복하라고 시킨 것도 아닌데 불만만 컸던 것이다. 인생의 혹독한 경험이 있었기에 내가 얼마나 간절히 노력했는지 말하는 전달자가 되어 작가로 살기로 결심했다. 사는 것을 포기하였다면 지금의 나는 없을 것이다. 인생은 자신이 드라마를 만들어서 살아가는 것이라고 생각한다. 한 번도 아니고 몇 번씩이나 생활고을 이겨낸 나는 가정에 대한 헌신과 절실하게 살아야겠다는 다짐을 하지 않고는 살 수 없었던 것이다.

내 인생의 주인공은 나였고, 내가 깨지는 순간 나의 가족도 다 깨지는 것이었다. 학력, 스펙이 아무것도 없었던 나는 사회생활을 하면서 아이들 키우고 남편의 뒷바라지를 하고 남는 시간에 적극적으로 공부를 해서 검정고시로 대학을 졸업하게 되었다. 성공을 하고자 하면 행동해야 기회를 잡는다는 말이 실감이 난다.

노력은 힘든 것이다. 힘들지만 인생의 주인공이 되기 위해 도전을 하여야 한다고 말한다. 컴퓨터로 글을 쓰게 된 지도 얼마가 되지 않았으나 나는 이 과정을 배우기 위해 남들보다 2~3배 노력하여 이만큼이라도 성공을 할 수 있었다.

책을 쓰다 보니 내가 해온 일들이 다 연관이 되어 있었다. 검정고시 대학의 졸업 등 여러 가지의 노력이 책 쓰기와 연관성이 있다고 생각한다. 배움의 열정이 드라마 같은 삶의 이야기가 되고 지금 또 다른 나의 선택도 드라마가 될 것이다. 나의 삶을 완벽하게 만들지 못하여도 앞으로 남의 환호를 받는 사람으로 나 자신을 만들 것이다. 나는 그동안 내세울 것이 없었지만 그동안의 힘든 과정을 책 하나로 이겨내려고 한다.

남은 인생 나를 위해 살아라

나는 살면서 나 자신보다 가정을 먼저 생각하고 사느라 백발로 변해버린 60세가 되었다. 꿈꾸던 시절은 살면서 잊어버린 지가 오래된 것이다. 아내로 부모가 되어 살지 않은 사람이 어디 있겠는가? 아내로 어머니로 젊은 날을 지금 생각하면 그 시절이 더 귀한 시간이었다고 말하고 싶다. 아이들 키우면서 힘든 과정이 제일로 좋은 시절인 것이었다. 3세 때 나의 아버지는 돌아가셨다고 한다. 그래서 그런지 나는 아버지라고 불러본 적이 없다. 나의 형제는

7남매로 나는 막내로 자랐다. 어릴 때부터 부모 손이 아니라 이 형제 저 형제 집으로 다니면서 자란 나는 가난에서 벗어나고 싶어서 또 눈치 보는 것도 싫어 어린 나이에 공부보다 기술을 배우기를 선택했다. 그때 시절은 밥만 먹여주고 허드렛일을 하면서 기술을 배우는 곳이 많았다.

나도 그렇게 하면 기술을 배울 줄 알았다. 하지만 세상은 기술을 쉽게 가르쳐주지 않았다. 그래서 그 집의 심부름만 죽어라 열심히 하고 기술은 배우지 못하고 나왔다. 그들은 당연하다고 생각하고 미안한 마음도 없는 사람들이었다. 그후로 성년이 되어 지금의 남편을 만나서 결혼을 했다. 그러나 결혼 후 시아버님이 갑자기 돌아가셔서 행복과 불행이 번갈아 왔다. 생각도 못한 불행으로 나의 젊음을 남편과 아이들의 뒷바라지에 쏟아야만 했던 것이다.

그때는 심적으로 힘들었지만 남편과 아이들이 있었기에 견디면서 살았고, 아침 일찍부터 밤에 잠자리 들기 전까지 여유 있게 쉬어본 적이 없었다. 힘든 일을 많이 하였지만, 나는 언제든지 다시 성공할 것이란 생각을 잊어본 적이 없다.

이제 나는 남은 인생을 더욱 열심히 노력하고 여유롭게 책을 내며 공부도 할 것이다. 아무것도 하지 않고 그냥 그대로 나이가 들면 불행할 것이다. 나이든 인생이 실패와 좌절이 아닌 기쁨이 될 것이다. 푸념을 늘어놓는 것보다 지금이 황금의 인생이라고 생각하고 스스로 각본을 만들어서 홍보를 하며 즐거운 내 인생을 살 것이다. 누구든 아프지 않은 인생은 없다. 아프다고만 하고 그 현상에 갇혀 있다면 넓은 세상은 언제 볼 것인가. 시작은 새로운 인생을 열어주는 황금의 길이다. 나가서 만들고 나가서 노력해야만 황금의 인생을 남에게도 주는 인생이 될 것이다. 내 인생의 주인은 나이다. 자신을 중심으로 두는 게 쉬우면서도 어려운 것이나 억지로라도 인생을 즐겨야 나에게 미안함이 없게 된다. 그렇지 않으면 어느새 내 인생이 내 것이 아니게 된다. 어르신들이 어떤 삶을 살았는지 우리는 잘 알고 있다.

'철학박사' 강신주 박사가 이렇게 말했다.

"훔치고 헐벗고 빌어먹어도 나 스스로 하고 싶은 일을 하면 살아야 한다."

이 말은 좀 심하지만 그만큼 하고 싶은 삶을 살라는 말인 것 같다. 나는 남에게 피해를 주지 않지 않는 선에서 나를 위해 인생을 즐겨야 한다고 말하고 싶다. 내 경우 어렵게 살았던 시절이 현재의 나를 점검하는 계기가 되고 나 자신을 무한 사랑해야 한다는 것임을 나이들어 깨달았다. 아이들을 키우고 남편의 사업으로 가정이 어렵게 살다 보니 나를 응원하는 것이 없었다. 직장 생활을 할 때도 학력이 낮아 괜히 못 배운 것으로 자존감이 낮아졌고 혀가 짧아 말도 더듬더듬 했기에 기죽어서 살았다. 자신을 표현하는 것에 부끄러움이 많았다. 이제 생각해보면 나에 대한 평가를 남들이 뒤에서 하는 것 같아 심한 열등감을 가졌던 것이다. 책을 쓰면서 내가 살아 있고 생명력으로 움직이고 있다는 느낌을 받았다.

언제나 내가 하찮게 보였던 것은 남과 비교하면서 나 자신을 사랑하지 않고 돌보지 않기 때문이었다. 배우는 것은 아름다운 것이다. 내 의식의 지평을 넓혀준 세상과 나를 보는 새로운 시각을 열어준 것은 내 인내심이었다. 나를 표현하는 것은 쉬우면서 어렵다. 하지만 행복과 불행도 나 자신이 만들어 낸 일이라고 생각한다. 100세가 된 어르신을 요양원에서 많이 봤다. 80세 넘어 요양원에 입소해서 10년 정도 사시다가 세상을 떠나는 분도 있고 70세에 입소해서 10년을 침상에 누운 채 지내는 분도 있다. 그분들도 자기 마음대로 살지 못하는 것이다.

그런 모습을 본 나는 될 수 있으면 나로 살아가는 기쁨을 만들려고 노력한다. 나이들어서 하고 싶은 일, 즐기고 싶은 일 다 하고 살지 못해도 적어도 나의 마음을 울리는 심금은 있어야 한다. 내 인생의 주인은 나다. 남들이 나를 칭찬주기를 기다리지 말고 내가 나 스스로를 수고했다는 칭찬으로 안아준다면 나이들어 슬프지 않은 삶이 될 것이다.

인생을 두 번째로 다시 시작한 나는 새로운 마음으로 다른 사람들과 인생 나누어서 행복을 만들 것이다. 나를 지키게 할 수 있게 하는 것은 나 자신뿐이라고 말하고 싶다. 나는 이제라도 변화하려고 한다. 내가 원하는 대로 느끼고 행복하기 위해 연습을 시작하려고 한다. 그러다 보면 내가 하고자 하는 일들 하나둘씩 이루면서 살 수 있을 것이다.

나는 그동안 아이들 키우고 사회생활을 죽어라 하며 살았고, 그다음은 배움을 죽어라 했다. 그렇게 살았는데도 내가 노력한 만큼 잘된 삶은 아니었다. 그러나 책 쓰기가 인생의 첫 걸음이 되고 이제라도 남은 인생을 나에게 쓰려고 한다. 그동안 나이만 많이 들었지 세상을 모르고 살아온 나는 가정을 잘 이루고 아이들을 잘 키우면 나중에 평생을 걱정 없을 것이라고 생각했다. 그러나 시간이 지나고 난 후 남은 건 허전함뿐이었다. 내가 좋아하는 일을 하지 못하고 지낸다는 것을 이제야 알게 되었다.

　우리는 무기력으로 나이가 들면 감정마저 옴짝달싹도 못하는 침상에 기대게 되는 상태에 빠지게 된다. 그런 세월을 살면 사람과 만나는 것도 싫어지고 남은 인생을 병상에 누워서 자식이나 의료진들을 의지하며 살게 된다. 그러다 보면 그동안 살았던 경험마저 잊고 부정적인 감정이 생기게 된다. 그것보다는 내가 원하고 하고 싶은 것을 찾아 준비해 남은 인생을 보장받자. 보장은 남이 하는 것이 아니라 내가 만들어놓은 곳에서 받을 수 있는 것이다. 돈이 아무리 많아도 나이가 들면 무기력해진다. 어떤 일을 하려고 하여도 몸이 따라 가지 않아 움직일 수가 없다. 지금 이 순간 나이들어가는 인생을 배워야 하고 거기에는 연습이 필요하다. 현재와 미래는 우리가 살아온 것과는 너무나 다르다.

　나이가 들면 젊은 사람들도 우리와 같이 있는 것을 부담으로 여기기 때문에 남은 인생을 내가 스스로 준비해놔야 한다. 어느 날 갑자기 시작한다면, 남은 인생이 날 위한 것이 아니라 남에게 기대야만 하는 삶이 된다. 그러면 나의 불행을 남은 가족이 같이 겪게 된다. 우리의 인생 중 아프지 않은 인생은 없다. 그러므로 100세 시대에 즐기면서 행복을 나누고 사는 사람이 제일로 건강하고 슬기로운 사람이다. 나중에 후회하지 말고 지금이라도 남이 아닌 나를 위해 시간을 쓰자. 꿈꾸던 젊은 시절만큼은 아니어도 인생 후반을 행복하게 보낼 준비가 될 것이다.

아무것도 하지 않으면 나중에 외롭다

나는 이제 막 책을 쓰고부터 어떤 삶이 나에게 올지 궁금했다. 그 생각만

으로 즐겁고 신이 났다. 시간이 나는 대로 책상에 앉아 나의 스토리를 적는

다. 누군가가 나의 책을 읽을 것이라 생각하면서 기쁘고 심장이 두근거리면

서 재미있다. 나의 이야기가 다른 사람에게 잘 소통이 될지 고민도 되었다. 책

쓰기란 돈이 크게 중요한 것이 아니다. 내가 책을 통해 전하고자 하는 말은

앞으로 글을 쓰고 싶다면 나의 글을 보고 조금이나마 쉽게 시작하나는 것이

다. 그동안 살면서 나의 재주를 몰랐던 것뿐이다. 책을 쓰고부터 당당히 앞으로 나가게 되었고, 다른 사람들에게 말할 수 있고, 또 가르쳐줄 수도 있게 되었다. 책을 통해 내 인생의 후반도 다른 방향이 되었다. 나이 60세가 다 되어서 책 쓰기를 시작한 나는 처음엔 답답하였고 어디가 처음인지 어디가 끝인지도 몰라 힘들었다. 나의 스토리를 표현한다는 건 정말로 어려웠던 것이다.

그냥 말처럼 술술 나와서 쓰는 게 아니었다. 다른 사람들도 나와 같은 경험을 했을 것이라고 생각한다. 내 속에 안고 있던 소중한 이야기를 다른 사람들과 같이 나눈다는 것은 지난날의 나의 이야기를 몽땅 버리는 것이라고 한다. 그래야만 나중에 행복하게 살 수 있다. 처음부터 인생이 승승장구로 잘되면 세상에 실패 없는 사람이 어디 있겠는가? 인생을 후회 없이 살려면 모든 일은 정면에 맞서 싸워야 하고 어렵다고만 하면 안 된다. 못한다는 건 자신의 마음속에서 나오는 것이지 남한테서 나오는 것이 아니다. 내가 나를 털어서 버려야 책을 쓸 수 있고 남에게 알려줄 수 있는 것이다. 나중에 외롭지 않으려면 지금이라도 자신의 속마음을 내놓아야 한다.

책 쓰기는 희생으로 하는 것이 아니라 책으로 나에게 무엇을 줄 것인지 생각해야 한다. 남은 인생을 책과 나의 속삭임으로 여기고 자신의 내면을 표현한다면 성공하는 인생 2막을 시작하는 데 어려움이 없을 것이다. 지금 우리 나이에 현실에 맞게 살아남아야 한다고 본다. 기계적인 기술이 약한 우리가 내세울 것은 인생의 이력이라고 믿는다. 그보다 더 좋은 정보가 없다고 생각한다. 나이들어서 진정으로 존경을 받은 사람이 되고 싶은 건 진정한 이력이다. 나이가 들어서 '이제 와서 뭘' 같은 말을 앞세우는 사람은 나중에 존경받는 사람이 되지 못한다. 단호하게 지난날을 잊고 남은 인생을 위해 노력하여야 한다.

그동안 우리가 사는 건 아무것도 아니었다. 일하고 아이들 키우고 살림 살고 이 모든 것은 누구나 하는 일이었다. 나도 그때는 어떻게 살아야 할지 잘 몰랐다. 멀리 보고 발걸음을 걷는 게 아니고 앞 땅만 보고 걸었다. 그러다가 나이 60세가 되면서 멀리 보게 되었다. 결과가 좋든 나쁘든 책 쓴 것을 후회하지 않을 것이다. 사실 책이란 얼마나 흥미가 있는 것인가. 내가 살아온 인생사를 읽어주는 사람이 있다는 게 생각만 해도 즐겁지 않은가.

우물쭈물하지 말고 더 늦기 전에 컴퓨터를 배우고 책을 쓰고 그것을 활용해야 한다. 앞으로 나이들면 몸도 아프고 기력도 없어진다. 그러기 전에 책을 쓰고 컴퓨터를 익혀놓으면 손이 저절로 자판을 두드리게 될 것이다. 내 이야기가 한 권의 책이 되어 나왔다. 읽는 사람마다 다르게 이해할 것이다. 그런 인생은 누구나 있는 일이라고 할 수도 있다. 책 읽기를 한 지는 5년쯤 되는 것 같다. 그 전에는 책을 잘 읽지 않았다. 그런데 그렇게 조금 읽었던 것이 놀랄 만큼 변화를 주었다. 60세를 앞둔 나는 머리가 하얗게 변했고 팔자 주름이 선명하다. 언제부터 나의 모습이 이러했는지 인정하고 싶지 않았다. 그러나 그 모습이 현실이었다.

'아, 이렇게 나이들면 나중에 후회할 것 같아.'

책을 쓰게 되면 후손들에게 자랑스러운 할머니로 남고 그동안 잘 살았다고 할 것 같았다. 그런 마음이 더 생겨 책 쓰기에 올인했다. 내가 정말로 책을 쓸 수 있을까 의문도 있었다. 하지만 스승을 잘 만나서 빠르게 책을 썼다. 한 친구는 그 나이에 무슨 책을 쓰느냐고 말했지만 지금은 그 친구가 나를 부러워하고 있다. 책을 통해서 나의 삶을 알게 되고 누군가 나의 책을 보고 있다고 생각하면 마냥 행복하다.

젊은 날에 어려움이 없었더라면 지금의 이 재미를 알 수 없었을 것이다. 꽃은 다 비슷비슷한 모습이지만 그 꽃들은 각기 다른 향기가 있다. 사람마다 각자의 향기가 있다. 오죽하면 열 길 물속은 알아도 한 길 사람 속은 모른다고 하겠는가? 자신의 마음은 자신만이 아는 것이고, 자신만의 도전으로 영감을 주는 새로운 인생을 찾아야 한다. 이제는 물건도 온라인으로 배달시키는 시대가 되었다. 슈퍼나 마트, 그런 곳이 사라진다는 것이 우리 세대는 실감이 나지 않는다. 시장도 다녀보면 무겁게 물건을 들고 오는 사람이 별로 없다. 우리 나이는 현실에 뒤처져가지만 그렇다고 아무것도 하지 않고 있다가는 시간이 지난 후 지금보다 더 외로워질 것이다.

컴퓨터를 시작할 때 힘들었지만 하나하나 조금씩 하다가 보니 알게 되었다. 여러분도 나이가 들어서 배우는 데 어렵다고만 하지 말고 1년 동안이라도 평생학습관 또는 학원으로 가서 배워라. 한자리에만 앉아서 노후를 기다리는 것은 이미 '나는 요양원으로 입소할 사람이요!' 하는 것과 다를 바가 없다.

100세 시대의 삶은 또 다른 인생이라 계속적인 탐구와 노력만이 살 길이다. 노력이란 미리 하는 것이다. 은퇴 후 갑자기 하는 것은 위험하다. 나이 50세가 되면 인생 후반기라고 부르는 인생이 시작된다. 나는 책을 썼지만 아주 잘하는 사람이 아니다. 겨우 자판을 하나 치면 고개를 들고 한 글자를 봐야 하는 서투른 사람이다. 그렇지만 그런 배움을 늘려가는 것도 아주 재미가 있다. 심심할 시간이 없고 할 일 없이 소파에 누워 드라마를 보고 남은 인생을 소비하기엔 인생이 너무 소중하다. 앞으로 후회 없고 외롭게 지내지 않아도 되는 나를 상상하며 현실에 맞게 살아남을 것이다.

지금이 황금 시기다. 젊은 날엔 뭔지 몰라서 세상을 살았고, 중반에는 가정에 헌신하며 사느라 나를 위한 삶은 몰라서 지냈다. 나이가 들어서 시간적 여유가 생기는 게 나를 위해 무엇인가 할 수 있는 시점이라는 생각이 든다. 내 나이가 되도록 아무것도 하지 않고 지냈더라면 지금의 사회적 변화를 받아들이기가 더 힘들었을 것이다.

젊은 날엔 손으로 발로 몸으로 다 사용하면서 살아도 모자랄 정도로 바쁘게 살다가 나이가 들어서 여유를 찾았으니 지금이 제일 황금 시간이라고 말하는 것이다. 과거에 사로잡혀 후회하는 마음을 가지는 순간 결국 스스로 불행해진다. 지난날의 고생을 빨리 잊고 인생 후반에 멋지게 살 연구를 하는 것

이 중요하다. 기회란 시간이 흐를수록 사라져간다. 아직은 생각할 기회도 있

으니 무엇이든 배워서 인생 후반을 보장받아야 한다.

100세 시대, 인생을 즐기며 사는 법

100세 시대에 즐기면서 행복을 나누고 사는 사람이
제일로 건강하고 슬기로운 사람이다.

지금이 당신의 황금기다

책 쓰고 싶은 마음이야 간절하지만 책 쓰기란 박사나 수준이 높은 사람들이 쓰는 것이라고 나는 지레 겁부터 냈다. 책 쓰기는 아무나 하는 것이 아니라고 생각했고, 지금 글을 쓴다는 건 컴퓨터가 취약한 나에게 큰 문제였다. 과연 내가 할 수 있을까? 그러나 책과 글쓰기는 나이와 제한이 없고 컴퓨터는 스마트폰으로 문자 보내는 것같이 손가락으로 하면 될 것 같아 시작했다. 그러나 사실 그렇게 쉽게 되지는 않았다. 젊은 사람보다 더 노력해야 하고 이

160 100세 시대, 인생을 즐기며 사는 법

해력도 늦어 힘든 과정을 걸쳤다. 인생은 공짜로 받는 것이 없었다. 나는 책 쓰기를 허황된 꿈으로 시작한 것이 아니었다.

죽음을 앞둔 어르신들은 자신이 죽는다는 생각을 하지 않는다. 비록 침상에 누워 계시지만 그분들도 그 순간을 소중한 황금의 시간이라고 할 것이다. 오늘 밤이 지나면 어느 어르신이 이 세상을 떠나고 없을 수 있다는 생각을 우리는 하지만 그분들은 하지 않는다. 그러나 우리는 '나이가 많아서'라는 말을 자주 한다. 무슨 세상을 다 산 것처럼 걱정하며 후회한다. 시간이란 요양원에 누워 계신 분들이나 도시에 바쁘게 사는 사람과 똑같다. 나이에 대한 민감성을 잊고 황금의 시간을 함부로 낭비하지 않는다면 나중에 인생에서 후회하는 일은 없다. 즐기고 싶으면 지금 바로 무언가 시작하여야 한다. 멀리서 보지 말고 나이든 사람들의 성공담도 듣고 네이버로 찾아보자.

『약해지지마』 '시바타 도요' 할머니는 나이 90세에 요양원에서 시집을 내고 100편의 시를 우리에게 남기고 103세에 세상을 떠났다. 그녀는 더부살이, 전쟁, 결혼, 출산, 가난한 생활 등 어려운 세월을 보냈지만 아름다운 언어로 사람들을 위로해주었다.

"눈 깜짝할 사이에 100년 부모도 남편도 친구도 모두 세상을 떠났지. 하지만 다음 세상에서 만날 수 있을 거야. 나 웃는 얼굴로 만나고 싶어. 100세의 결승선을 가슴 활짝 펴고 지날 거야."

나는 이 글을 읽고 지난날의 자신의 경험에 대해 풍성하게 풀어놓고 떠났다고 생각했다. 나는 나이가 많다 하기에는 이분에게 부끄럽다. 요즘 시니어 패션으로 성공한 사례를 종종 본다. 이 얼마나 대단한 일인가? 당연히 젊게 지내고 싶은 건 사실이다. 그러나 환갑이 되는 이상 꽃단장한다고 젊어지지 않는다. 젊게 살고 싶으면 시바타 도요 할머니처럼 일생의 경험으로 글을 써보자. 마음이 변하지 않은 젊음이 될 것이다. 인생을 즐기면서 사는 방법은 펜을 들고 연습하는 것이다. 그런 열정으로 지낸다면 젊은 사람 못지않게 한 권의 책을 쓸 수 있다.

나의 인생사를 누군가 알까 봐 마음속에 넣고 살았다. 그러나 책에 삶을 담아 세상 밖으로 내놓는다. 한편으론 부끄럽기도 하고 또 가족들은 왜 이런 과거사를 썼냐고 하지만 그건 부끄러운 일이 아니다. 그동안 나쁘게 살았던 게 아니고 나의 경험은 자랑이다. 이보다 감사할 일이 어디에 있을까? 단지 지금은 좀 더 빨리 시작했더라면 하는 아쉬움이 있을 뿐이다. 시간이 황금이란은 말은 지금 하고 있는 일들이 있기 때문이지, 할 일이 없으면 시간은 황금이 아니라 불행을 스스로 만들어서 골방에 틀어박혀 자식들을 괴롭게 만드는 것이 되는 것이다.

나는 60세에 다시 한 번 새로운 인생을 살아보려고 한다. 지난날의 힘들었던 시절을 잊고 목표를 향해 무력함 없는 인생을 살고자 한다. 죽을 때까지 인생을 즐기면서 살아야 죽음이 앞에 다가와도 외롭지 않게 살 것이다. 다시 한 번 말하지만 자신이 하고 싶던 일을 하고 여유를 가지고 스스로 인정받는 삶을 산다면 우리는 인생 후반을 후회 없이 행복하게 살아갈 것이다. 우리도 '시바타 도요 할머니'처럼 살아야 한다. 몸은 허약해도 손이 움직이는 동안은 글 쓰는 데 아무 이상이 없다. 시바타 도요 할머니는 우리에게 결승선을 넘을 때 외롭지 말라는 명언을 남기는 것 같았다.

아무것도 하지 않은 채 나이가 든다면 몸의 아픈 건 아무것도 아니다. 마음의 상처가 쉽게 나아지지 않는 불행하게 된다. 과거보다 오늘이 소중하고 앞으로의 삶도 성실하게 하나하나 이루게 된다고 생각한다. 인생의 경험이 교

과서나 같은 것이다. 나이가 들면 나이 앞에 민감하다. 요즘 만나는 사람들이 나이부터 묻게 된다. 70세 된 분이 내 나이를 물으면 나는 60세라고 대답을 한다. 그러면 아직 한창이라고 말을 듣게 된다. 그분들은 좋은 시대에 아직은 한창 때라고 무엇이든 열심히 하라고, 아직은 일할 나이라고 한다. 그러나 사회에서 우리를 받아주는 곳은 별로 없다. 나도 참으로 바쁘게 살며 사회적으로 자신이 있었는데 현실 앞에선 고개를 숙여야만 살 수가 있게 되었다. 그것이 현실이다 보니 '내 나이가 언제 이만큼 들었지.'라는 생각을 안 할 수가 없다. 은퇴 후 어떻게 하면 편안한 삶이 될지 걱정이 되어 서울로 강의를 듣기 위해 방문하면 그때가 제일로 민감하다. 그 연세로 지금 할 수 있겠냐는 말을 듣는 순간 힘이 빠진다. 그러나 배우는 데 나이는 숫자에 불과하다고 마음속으로 다짐하면서 용기를 가지고 배움의 노력을 쌓았다.

『약해지지마』 '시바타 도요 할머니'는 나이들어서 시집을 냈다. 유복한 쌀집의 외동딸이었고, 10대 때 가세가 기울어 음식점 등에서 더부살이를 했다고 한다. 일찍이 남편도 잃은 후 중년에 독서와 영화, 노래 감상이 취미였다. 90세가 넘어서 시집을 내는 분이 있는데 나도 할 수가 있다. 70세 어르신의 말씀처럼 남들이 뭐라고 하더라도 나는 아직은 젊다고 생각했다. 『약해지지마』 저자는 세계적으로 이름을 알린 분이다. 90세가 넘어서 하루하루가 너무 자랑스러웠다는 글이 마음에 와닿았다.

나는 그분의 나이가 되지는 않았지만 지금의 내 시간도 황금시기라고 생각한다. 글을 쓰고 난 후는 나이가 문제가 되는 것이 아니었다. 강의 듣거나 가르치는 곳에서 내 나이가 문제가 되는 것이지 책을 쓰는 데는 문제가 되지 않았다. "인생은 지금부터야."라는 말처럼 인생은 지금이 황금기다. 누구에게나 다시는 돌아오지 않은 시간이다. 아무것도 하지 않으면 인생은 너무 외로워진다. 지금부터라도 시작하면 늦지 않다. 시작이 반이란 말도 있다. 시작을 하면 끝도 있게 마련이다. 노력하면 인생의 즐거움이 분명히 있다.

어떻게 살든 결국엔 시간은 똑같이 흘러가는 것이다. 내일은 반드시 온다. 그러니 지금 이 순간을 낭비하지 않으면 좋겠다. 더 나이가 들면 지금의 말은 할 수가 없다. 시간과 공간이 멀리 있는 것이 아니라 바로 내 앞에 있다는 것을 명확히 알아야 한다. 이런 말은 누구나 아는 말이지만 그럼에도 행동하지 않으면 아무 소용이 없다. 나 또한 그동안 노력이 많이 했지만 나이가 들어서 자랑할 것이 없다가 이제야 책으로 외롭지 않은 인생길을 가게 되었다.

자신에게 봉사할 수 있는 것을 만들어라

봉사는 일상 속에 있는 것과 같다. 꿈을 이루고자 할 때의 성취감이 나에게 봉사가 아닌가? 남을 돕는 봉사가 있다면, 나를 향한 봉사도 진정한 봉사라고 할 수 있다. 거창하게 계획을 만드는 것은 자신한테 봉사가 아니라고 본다. 아주 작은 나만의 봉사는 이른 아침에 일어나 커피 한잔으로 즐기는 여유다. 이따금 생각에 잠겨 더 이상 나이가 들지 않는 꿈도 꿔본다. 나의 이런 생각은 이른 아침에 많이 하는 편이다. 진짜로 내가 나이가 들지 의심을 해보기도 한다. 몇 년 전만 해도 아이들이 북적이는 아침으로 문을 열고 일어나라고 소리를 질렀는데, 또 저녁에는 가족들이 모여 집안에 웃음이 퍼져 있었는데 이제는 웃음도 없고 일어나라고 할 아이들도 없다.

시간이 지날수록 독립한 아이들의 전화만 기다리게 되고, 하루에 휴대폰 속에 아이들이 전화가 왔는지 혹시 내가 다른 일 하다가 전화을 받지 못하였는지 확인을 몇 번씩 하게 된다. 남편과 나뿐이라 시간이 많다. 나에게 봉사하는 일을 찾아야 할 것 같았다. 그래서 나중에 여유가 생기면 해야지 하고 있던 책 쓰기를 시작하게 된 것이다. 내용은 거창한 스토리가 아니다. 그동안 내가 살아온 인생사로 글을 표현한 것이다. 나이가 들어보니 가장 외롭게 느껴지는 건 시간이다. 실없는 생각으로 끝없이 불안을 안고 앞날이 어떻게 될지를 걱정만 했던 것이다. 그러나 독서와 책으로 읽고 쓰기를 매일 하다 보니 긍정으로 변하고 나 자신도 바빠서 아이들 전화를 기다리지도 않고, 이른 아침에 궁상을 떨면서 커피 마시는 일이 없어졌다.

나에게 봉사는 바로 책이라고 생각이 든다. 방 한 칸이 사방에 책이 널려 있고 책을 읽는 취미가 재미있다 보니 한글 자판을 두드려 나는 소리도 즐겁다. 노트 또한 몸에 꼭 가지고 다니면서 기록하는 습관이 되는 것도 즐겁다. 나는 인생 후반 준비에 책보다 좋은 동반자가 없다고 본다. 노후가 되면 자신의 삶으로 나누는 걸로 또 다른 인생길이 열린다고 생각한다.

지금도 한순간을 그냥 보내지 않는다. 자투리 시간이 나면 그 시간을 어떻게 해서든 절약해서 사용한다. 요양원에 근무하던 나는 어르신의 마지막 순간, 삶의 가장 안타까운 현장에 있어본 사람으로 하루를 그냥 지나가도록 보내기는 싫었다. 우리는 낮에는 움직이고 저녁에는 자리에 눕게 된다. 그러다가 시간이 지나면 우리의 형체는 사라지고 없는 것이다. 나이들수록 그런 생각이 선명해지는 건 사실이다. 그동안 내 인생에 더 이상 기쁠 일이 없을 줄 알았는데 이 책을 쓰기 시작해서 내 인생 2막에 대한 출발점을 다시 만났다. 나는 인생을 낭비하지 말라고 말하고 싶다. 그동안 배운 교훈 중 중요한 한 가지는 자신의 삶이다.

책 쓰기는 나에게 황금의 문이 되었다. 글을 쓰면서 색다른 배움을 알게 된 것이다. 60세 되어가는 나는 수준급이 되는 작가로 도달하지 못하지만 책 쓰기는 앞으로 남은 인생에 큰 도움이 될 것이다. 봉사는 남들에게 도움도 필요하지만 나에게도 필요하다. 제일로 중요한 말동무의 친구는 모니터다. 나이 들어 아무도 없는 집안에서도 책과 컴퓨터로 주고받느라 외로울 시간이 없다. 누구나 매일매일 나이드는 것 같으나 도전하는 자와 하지 않는 자는 그 끝이 다르다고 본다. 인생에 대한 실패를 벗어나려면 배워야 할 필요가 있다.

돈보다 누군가와 대화하고 무엇인가 할 일이 있어야 노후에 대한 두려움을 잊게 된다. 책 쓰기 전에는 나의 삶이 뒤죽박죽으로 섞여서 어떻게 살지 속으로 늘 고민했던 것이다. 남들은 나에게 느긋하게 살지 왜 시간에 쫓겨사느냐고 한다. 그러나 나는 그런 말에 도피하듯 책을 펼쳐들고 나만의 세계로 들어간다. 요즘 유튜브나 강의를 실시간 진행하는 것처럼 나도 그런 마음으로 책과 모니터에 집중한다. 나의 존재을 알리는 데 이보다 더 좋은 장소가 어디 있겠는가? 여러분도 나이들었다고 지레 겁부터 내지 말고, 자신의 취향이 무엇인지, 젊은 날의 취미가 무엇인지 조용히 생각해보라.

나에게 봉사를 찾은 건 꾸준히 하는 일이 몸에도 건강하게 하고 정신도 건강하게 하는 것이다. 나는 그것이 책을 읽고 쓰고 하는 일이 제일로 꾸준히 하는 일이라고 생각을 여러분과 나누면서 살고 싶다. 시간이 계속해서 나에게 머물지 않는다. 그걸 안다면, 황혼기의 인생은 여명기가 다가오고 있다고 느끼면 인생 후반을 더 즐겁고 나에게 봉사하는 건강한 삶으로 살아야 한다. 내 몸은 내 주인이 된다. 나이들면 몸으로 다른사람에게 하는 것이 아니라 그동안 내 몸으로 60세 다 되도록 살았던 나에게도 베풀어본다면 행복하게 사는 법이 될 것이라고 한다.

나이가 들기 시작하면서부터 외롭게 된다. 내가 아이들을 기다리게 되는 이유 중 하나는 나에 대한 일이 없는 것이었다. 어머니가 내가 올 때까지 수시로 밖으로 나와서 기다렸다는 생각이 내가 나이들어서 보니 알겠다. 수명이 길어진 만큼 자신에게 봉사를 하는 일이 있어야 나중에 외롭지 않을 것이다. 아이들도 각자 자신들의 삶이 따로 있는데 이해를 하면서도 마음은 아이들에게 가 있게 된다.

내가 배우고자 한다면 어느 곳이든 방문하여 배울 곳이 많다. 그리고 내가 먹고 싶은 것들 먹고 놀고 싶은 일이 있으면 여러 친구들에게 내 돈으로 사줄 줄도 알아야 한다. 내 나이가 되어보니 돈을 쓸 일도 별로 없다. 그러다가 동네에 약장사들이 오면 그동안 모아둔 돈으로 거기 물건을 가득 사서 집안에 쌓게 된다. 나는 그런 일을 하지 않을 것이라고 하지만 그분들도 좀 나이가 덜 들기 전에는 그런 생각으로 사신 분들이었다. 오후 5시쯤 밖을 보면 우리 동네 어르신들이 손에 하나같이 무언가를 들고 환하게 웃으면서 집으로 들어가신다.

자신의 봉사는 내가 즐거운 일을 하여야 한다. 봉사라고 남을 돕는 것이 아니라 나에게 봉사를 먼저 하고 그 즐거운 마음으로 남들에게 봉사해야 하는 것이다. 아이들 기다리고 할 일이 없다고 하는데 그런 준비가 없는 인생은 외롭다. 그렇게 살지 않기 위해 우선 나 자신에게 봉사할 수 있는 것이 무엇인지 먼저 알아야 한다. 먹을 것이 있다면 아끼지 말고 병원 갈 일이 있으면 아이들이 오기까지 기다리는 것보다는 먼저 내가 앞장서서 자신에게 봉사할 수 있어야 한다. 그래야 인생 후반이 즐기며 사는 방법을 알게 된다.

사람은 나이가 들었다고 하면서 자신이 나이가 들었다고 인정하지 않는 것 같다. 나도 60세 나이를 인정하는 게 잘되지 않는다. 그런데 새벽으로 할 일 없이 여유가 생겨 커피 한잔을 마시면 나이 먹었다는 게 새삼 느껴진다. 그전에는 아이들과 남편 챙기느라 아침에 바빴는데 이제는 남편과 단 둘이서 지

내면 서로 말이 점점 없어지고, 집에 들어와 서로 마주보며 밥 먹을 시간에도

할 말이 없다. 내가 책 쓰기를 하면서부터는 더 말을 하지 않게 된다.

- 06 -

다르게 살고 싶으면 유언장을 써봐라

요즘 유언장을 미리 써놓는 유행이 있는 것 같다. 나는 요양원에 근무하면서 한 해 한 해 넘길 때마다 한 어르신이 세상을 떠나시고 또 다른 어르신으로 입소하는 일을 보게 된다. 10년 넘게 근무하던 나는 다양한 어르신을 봤다. 대부분 나이 앞에 장사 없다고 한다. 한 어르신은 너무 외로워 호흡이 희미해지기를 기다린다고 말하신 분도 계셨다. 나는 그 말씀이 어떤 의미인지를 몰랐다가 시간이 지나 그 뜻을 알고는 충격을 받았다. 지금도 그 어르신을 생각하면 눈에 눈물이 고인다.

혼신을 다하고 살아도 언젠가 우리는 세상에 없다. 그리하여 유언장을 한 번 써보는 것도 남은 인생에 도움이 될 것 같다. 유언장 없이 무작정 살다가 세상을 떠난다면, 주변을 정리하기 어려울 것이다. 아무래도 나이가 들어 시간이 많이 남는다지만 때로 주변과 단절된 기분이 드는 건 어쩔 수 없는가 보다. 얼마 전만 해도 북적이던 우리 집에 나 혼자 식탁 의자에 홀로 앉아 밥 먹을 때가 종종 있고, 그러다 보니 자연히 외로워 나도 모르게 현관쪽으로 귀를 기울이게 되는 것이다. 그 후로 유언장을 써봐야겠다는 마음으로 쓰게 되었고, 장롱이나 싱크대 정리를 최대한 깔끔히 하려고 한다. 혹시나 내가 없을 때 나의 소지품을 정리하다가 '우리엄마 정리 정돈을 잘하셨네.'라는 말이 나오지 않겠나 싶다. 나이가 들어보니 이런 것도 필요한 것 같다.

나이드는데 아닌 척 하고 필사적으로 젊음을 유지하려고 발버둥치면서 왜 인정하지 않으려고 하는지. 그런데 나뿐만이 아닌 것 같다. 나의 친구들도 나이든 게 싫은지 나들이 갈 때 보면, 너도 나도 빨간색의 차림새다. 천 년 만 년 피는 꽃이 나에게 있다. 바로 내 새끼들이다. 그들에게 나의 인생을 준비 없이 맡겨두기 싫다. 물려줄 것도 없는 나는 유언장과 연명 치료 거부 서명한 것을 메모에 적어 매일 쓰고 있는 다이어리에 끼워둔다. 아이들이 당황하지 않게 미리 써두고 슬쩍 말을 전하기도 해본다. 그러나 아이들은 펄쩍 뛴다. 하지만 나는 연명 치료로 고통받는 것을 많이 보았다. 존엄한 죽음을 선택하는 게 환자의 편한 죽음이라고 나는 생각한다. 나는 직접적으로 사전에 연명 치료를 원하지 않는다는 의사를 나타내야 한다고 본다. 아무리 100세 시대라고 하지만 곧 돌아가실 분이 산소호흡기와 코에 끼운 튜브와 소변 줄기를 달고 몇 년씩 생명을 연장하는 상황을 본다.

물론 생명은 소중하다고 생각한다. 하지만 현실에 사는 자녀들에게 부담이 아닐 수 없다. 평균 수명이 늘어난 우리나라의 사람들의 건강은 선진국 수준이 되었다고 한다. 건강하게 살다가 가면 그보다 더 좋은 삶이 없겠지만, 요양원에서 건강수명이 아니고 질병으로 수명을 연장하는 어르신들은 충격적인 혼란 속에서 불안감을 지속적으로 호소하기도 한다. 100세 시대 건강으로 수명을 다한다면 복 중의 복이겠지만, 요양원에서 자연스럽게 세상을 떠나는 게 얼마인지 가늠하기도 어렵다. 침상에 기대어 몇 년씩 사는 건 질병을 의료기술이라는 방패로 막아내는 것이다. 의식이 없어 음식을 구강으로 넘기지 못해 고단백 뉴케어로 다시 생명을 연장하고 오랫동안 자녀들이 어려움을 겪고 있는 현실을 시설에서 자주 마주하게 된다.

때가 되면 세상을 떠나야 한다고 하면서 막상 자신의 죽음에 대한 유언장을 써보라고 하면 남의 말로 받아들인다. 요즘 유언장 미리 쓰기가 유행하고 방송으로도 나오는 시대라 그렇게 낯설지 않다. 유언장을 미리 써놓는 것도 괜찮지만 순간순간 자녀들과 말로 하는 것도 좋은 방법이라고 생각한다. 마지막에 남기는 유언장을 준비해두면 남은 가족이 다정하게 지내게 될 것이고, 갑작스런 상황에 당황하지 않게 될 것이다.

나는 유언장과 나의 이름을 새겨둔 책 한 권도 같이 남겨두면 더욱 빛이 나는 인생으로 떠나게 될 거라 생각한다. 미리 써놓은 유언장으로 앞으로 살아가는 동안 실수도 하지 않을 것이다. 세상을 떠날 때는 유언으로 참다운 가족을 맺어야 한다고 생각한다. 나의 유언장으로 서로 인격적으로 존중하게 만들어야 한다.

미래을 향한 도전을 하는 나 자신도 죽음에 대한 두려움은 있다. 그 두려움이 다른 사람들보다 적은 이유는 아마도 요양원에서 어르신을 돌보면서 많은 걸 봤기 때문일 것이다. 유언장 없이 세상을 떠난 어르신의 자녀들을 보면 재산 관계로 싸움도 있고, 또 서로 책임을 떠넘기려고도 하는 것을 보게 된다. 나는 그런 모습을 볼 때마다 화가 날 때가 많다. 재산을 미리 분배한다면 자식 간에 원수가 되는 일은 없을 것이다. 우리 동네 평소에 보이던 어르신들이 하나둘씩 보이지 않는다. 아마 이미 이 세상의 사람이 아닐 것이다. 어느 집은 갑자기 부모가 떠나 집 한 채로 서로 싸움을 한다. 시골의 집이라 많은 돈이 아닌데도 자식들은 부모가 남겨둔 작은 것까지 놓고 싸우는 것이다. 우애 있게 지내던 사람들도 부모가 떠난 뒤 남은 재산으로 원수가 되어 서로 얼굴도 보고 살지 않는다.

그전에는 왜 미리 유언장을 쓰는지 좋아하지 않았지만 이제는 나도 쓰게 된다. 나이들면 어쩔 수가 없는가 보다. 우리나라 억만장자도 세상을 떠나면 그 주위 가족이 서로 원수같이 싸우고 법원에 소송까지 걸지 않는가. 나는 유언장 없이 죽었다고 생각하고 한 번 써본 적이 있다. 미리 써놓은 것이 아니고 어느 날 갑자기 떠나게 된 것이다. '나의 장례식 모습 풍경을 보며.'

나의 장례식장에는 손님이 별로 없는 장례식이라 우울하네! 생전에 활동 없고 배움에 인생을 다 걸고 다니다 보니 장례식장에 오는 손님이 없네. 그나마 내 자식들 회사 직원들이 방문했군. 너희라도 많이 와서 고맙다. 딸은 충격으로 슬픔에 많이 잠겨 있구나! 아들은 묵묵하게 누나 옆에 앉아 고개만 숙이고 말이 없고, 남편은 손님 접대하느라고 이리저리 밥상을 나르면서 무척이나 바쁘네! 금쪽같은 내 새끼야! 그렇게 너무 슬퍼하지 마라. 평범한 엄마가 아니어서 미안하단다. 사람은 시간이 흐르면 누구나 가는 곳이란다. 별난 엄마 옆에 사느라고 고생 많았다. 아들아, 누나 잘 보살펴주고 철없는 아빠를 부탁한다. 세상에서 제일 착한 너희 아빠란다. 엄마는 너희 둘이 만나서 그동안 행복했단다.

막상 쓰고 나니 내가 아이들에게 줄 것이 하나도 없었다. 나는 재산이 없는 관계로 우리 아이들은 적어도 싸울 일도 없을 것이고 원수가 되는 일이 없을 것이다. 그래도 미리 유언장을 쓰고 이불 밑에 나의 장례식비 정도는 챙겨놓으면 갑자기 당황한 일이 생겨도 가족이 충격을 덜 받을 것 같다. 요즘은 장례가 발달이 되어 본인이 들어갈 봉분을 먼저 정하고 그곳을 방문하여 확인까지 한다고 한다. 분주하게 살던 나는 어느덧 장례에 대한 걱정도 하는 삶이 되었다. 유언장을 한번 써보는 것도 나쁜 일이 아니다. 유언장이 노후준비와 같이 생각한다 나이가 들어서 어떻게 살아야 하는지 걱정이 덜 될 것 같다. 슬쩍 아이들에게 나중에 부모가 없는 날이 올 거라고 말하면 아이들은 "엄

마 아직은 멀었어요. 너무 일찍부터 그런 생각을 하지 말아요."라고 펄쩍 뛴
다. 그러나 시간은 훌쩍 지나 60세에서 70세가 금방 다가온다.

　사람의 생명은 소중하다. 그러나 누워서 침상생활로 오랫동안 장수하는
건 나는 바라지 않는다. 내가 걸어다니고 내 손으로 밥을 먹을 정도로만 살다
가 세상을 떠난다면 나는 그것이 제일로 행복하다고 생각한다. 생명이 마음
대로 되는 것은 아니지만 그래도 88하게 살자는 유행이 있다. 우리는 죽음에
대해 인색하다. 누구나 가는 곳이라고 생각은 하나 자신이 간다는 생각은 하
지 않는다.

100세 시대, 인생을 즐기며 사는 법

황혼기의 인생은 여명기가 다가오고 있다고 느끼면
인생 후반을 더 즐겁고 나에게 봉사하는 건강한 삶으로 살아야 한다.

제 4 장

좋아하는 일, 잘하는 일을 하며 **품격 있게**

나이드는법

나이들어보니 전문지식은 필요 없더라

나는 나이들어서 검정고시를 시작으로 사회복지과 4년제 대학을 졸업을
했다. 가족과 회사직원들의 축하를 받으며 학위를 받았고, 머리에 학사모를
쓴 나의 모습을 본 남편과 딸아이는 나보다 더 기뻐했다. 회사를 다니면서 한
공부라 레포트를 제때 내지 못하여 방학이 되면 시간을 내어 그동안 못 한
과제를 했다. 학위를 따고 내가 할 수 있는 자격증을 따기 시작했다. 방과후
수업 자격증을 여러 개 따고 부동산 자격증을 공부하다가 잠시 멈추고 있다.

나는 사회복지 자격증을 따면 사회복지사로 근무할 줄 알았는데 졸업하고 사회로 나와 이력서에 갖가지의 수료증과 자격증을 기재했지만 나이든 사람에게 기회란 없었다.

나는 그동안 공부하느라 많은 시간과 돈을 소비했는데 나이에 막혀 활동하는 것이 어려웠다. 꼭 무엇인가 얻기 위해 한 것은 아니다. 젊은 날 배우지 못한 나는 이대로 나이들기 싫었고 배움이 즐거워서 끝까지 했다. 내가 몰랐던 세상도 알게 되었고, 또 '공부를 하면 나의 삶도 조금은 달라지겠지' 하면서 아예 기대가 없던 게 아니었다. 그리하여 배우다 보니 욕심이 생겨 끊임없이 배우러 다녔다. 배우고 난 후 지식은 쌓였지만 유용하게 활용하지 못했다. 이제와 생각하면, 배움으로 무엇인가 감투를 쓰고 싶었던 것이었다. 젊을 때 배우지 못한 한을 풀려는 마음으로 시작했고 배우다 보면 나의 인생길에 항로가 있을 것이라는 기대감으로 나도 모르게 했던 것이다. 아마 나는 배움에 대한 콤플렉스가 내 안에 깃들어 있어 습성이 되었던 것이었다.

나이는 들어가고 정년퇴직은 되어가는데 받아주는 곳은 없고, 재산도 그렇게 많은 것도 아니라 앞날이 고민되던 날 또 다른 도전을 해야겠다는 마음으로 책 쓰기를 시작한 것이다. 어느 대학 스펙보다 책 한 권이 전 세계로 가는 마케팅이 된다는 생각에 나이든 나는 정신이 번쩍 들었다. 나는 이런 세계가 있는 줄도 모른 채 그동안 살아왔으니 세월이 너무나 허무했다. 상자 하나 만들어서 그동안 나의 모든 고단한 삶을 그 상자 속에 넣고 덮어버린 후 새로운 운명을 빨리 깨닫게 된 나 자신에게 고맙고 감사하다. 책 쓰기를 하면서부터 스펙도 필요 없고 높은 지식도 필요 없었다. 물론 배운 지식이 도움은 된다. 그만큼 배움이 있었기에 책도 쓰는 것이지만, 꼭 스펙을 쌓아서 책을 쓰는 건 아니다. 지식으로 높은 작가가 되려면 그렇게 공부하겠지만 일반적으로 작가는 글로 스펙을 쌓는다. 이보다 더 빠른 성장은 없는 것 같다. 나는 책 한 권으로 결과가 엄청나게 달라졌다.

준비된 사람만이 기회를 잡을 수 있다는 말, 나는 옳다고 말하고 싶지 않다 나는 노력을 적게 한 것도 아니고 준비도 하지 않던 것도 아니다. 좀 부족한 건 늦은 나이에 공부했을 뿐이다. 그러나 지금은 그 배움을 깨끗이 단념하고 글쓰기에 노력을 쏟아 능력을 키워가는 중이다. 지난날의 노력이 전혀 도움이 되지 않은 건 아니다. 나는 부지런하게 살았고 게으르게 살아본 적도 없었다. 그동안 몇 개의 자격증에 대한 미련은 더 이상 없다. 사회복지사 자격증, 방과후 자격증, 한문 자격증 등등.

아무리 노력했어도 그 자리는 내 것이 되지 않았다. 배움의 자격증으로 남은 건 욕심나는 자리일 뿐 내가 필요하지 않은 것에 미련을 두지 않기로 하고 나를 인정해 주는 곳으로 나를 알릴 노력을 할 것이다.

말보다 글이 아직은 서투른 감은 있으나 글로 열정적 기량을 발휘하는, 최선을 다하는 사람으로 좋은 엄마로 할머니로 떠나고 싶다. 주위 사람이 사는 게 어렵다고 하면 나는 무조건 책을 쓰라고 권유하게 된다. 그러나 그분들은 '아유 내가 무슨 책을 쓰느냐?'라면서 고개를 절레절레 흔든다. 나도 처음엔 그런 마음이었다고 말하지만 남이 권하는 건 잘 들으려고 하지 않는 것 같다.

내가 좋아하고 재미있는 일을 한다는 건 정말로 행복한 일이다. 그동안 아이들 키우면서 왜 엄마의 입장에서 아이들 하고 싶은 일을 못 하게 했는지 후회하게 된다. 지금이라도 내가 정말로 하고 싶은 게 무엇인지 자신의 속을 들여다보고 찾아라. 어릴 때부터 배우는 것을 좋아하는 나는 세월이 지나 중년이 되어서야 배움에 다시 시작했다. 바느질부터 식당과 공장으로 몸이 아

100세 시대, 인생을 즐기며 사는 법

파도 일을 하느라 몸을 제대로 챙기지 못하고 힘들어도 힘들다고 못한 나는 무엇이든 배워서 전문지식을 쌓아야 한다는 절실한 마음으로 많은 시간을 소비했다.

그러나 이런 말이 있다. 준비가 되어 있는 사람은 기회가 오면 바로 잡으라고 하는 말이 다 틀린 것은 아니지만 그렇다고 다 맞는 말은 아니다. 내가 실질적으로 경험한 사람이다. 나이가 더 들기 전에 자격증을 무엇이든 따서 노후에 편안할 줄 알던 나는 이력서를 내면서 자격증 스펙을 인정하지 않는다는 것을 알았다. "나이가 많아서요. 나중에 혹시나 연락드릴 일이 생기면 연락할게요."라는 말을 듣고 나는 어리석게도 그 말을 믿고 전화 오기를 기다리기도 했다. 그러나 그런 전화는 영원히 오지 않았다. 나는 긍정적으로 받아들었으나 마음에는 상처가 되고 있었다. 새벽으로 일어나 공부를 하고 저녁이면 도서관으로 다니면서 자격증 따던 것이 사회적으로 필요 없다는 것을 느낄 때쯤 어느 날 책 쓰기를 해보라는 말에 가족과 의논한 뒤 나는 책상과 한 몸이 되어 책 쓰기를 배웠다.

나는 직장을 다니면서 죽어라고 공부와 자격증에 매달려 살았는데 불안한 삶이 연결되는 하루하루가 싫었다. 그러니 나에게 맞은 좋아하는 일 또는 잘하는 일이 무엇인지 다시 찾아야 했다. 그래서 나이 60세가 되어 다시 시작한 것이 책 쓰기였다. 책을 쓰면서 나에겐 꿈이 다시 생겼다. 큰돈을 벌려고 하는 것보다 내가 강의를 다니게 될 것 같은 또 다른 꿈을 꾸게 되었다. 내가 책을 쓰고부터 일어나는 용기가 내게 확신을 주었다. 나이들수록 다른 길보다 책 쓰기를 꼭 해야 한다고 전하고 싶다. 나도 전문적으로 배운 것도 아니고 그렇다고 책에 대한 공부를 해본 적도 없었다. 하지만 이것이 제일 빠른 성공의 길이 되었다.

배울 게 있으면 정열을 불태워라

사람들이 나에게 항상 하는 말이 있다. 일을 하면서 늦은 나이에 어떻게 어려운 공부를 했는지 만나는 사람마다 나에게 질문을 한다. 나는 처음에 사회복지 시설에 다니다 보니 사회복지사 자격증을 따고 싶어서 시작했다. 자격증 하나를 취득하면 또 다른 하나를 취득하고 싶어 틈틈이 배웠다. 배우다 보니 즐거움도 있고 퇴직도 가까워지니 한편으로 미래도 걱정되어 더 배움에 매진했다. 그동안 살림과 직장 일과 아이들 키우면서 어떻게 공부하고 책을 대한 도전을 할 수 있었는지 주위 사람들은 종종 부러워한다. 그러고 보니 그동안 내가 해온 모든 공부가 학문적인 것 같다.

나이들어서 시작한 공부는 지금 하는 책쓰기와 깊게 연결되어 있다. 배움의 문턱을 들락날락하면서 학문을 배웠지만, 세상에서 나를 받아준 곳은 없었다. 하지만 지난날의 그 열정이 있었기에 지금의 희망을 갖고 작가의 길을 갈 수 있는 것이다. 집 한쪽 책장에 가득히 책이 꽂혀 있는걸 보면 신기하다. 어느 순간부터 책들이 친구가 되어 있다. 나도 모르는 사이에 나의 의식주가 책으로 이끌어온 것이다.

지난날의 내가 책을 쓰겠다고 웅크리고 있었던 것도 아닌데 나의 의식이 펜을 쥐게 한 것이다. 여러 가지로 공부한 나는 결국 작가로 이어졌다. 나는 자랑하고 싶다. 그동안 공부가 이렇게 효과 있는 성과로 올 줄 몰랐던 것에 대해 나를 아는 사람들에게 자랑하고 알리고 싶다. 나도 기쁜 일이지만 나의 아이들과 남편 모두 기쁘다고 한다. 앞으로 내 이름 뒤 작가라고 붙는다고 생각하면 힘이 절로 났다. 내 전공이 사회복지과다. 복지사는 아니지만 내가 요양원 현장에 근무했던 경험으로 어르신의 소박한 이야기들을 한번 제시해 보고 싶다.

100세 시대, 인생을 즐기며 사는 법

요즘 시대는 100세 넘어 120세라고 한다. 대표적인 노령 사회로 접어든 우리나라에서 나는 어떤 노후를 살아갈까? 걱정만 하고 실천하지 않았다면 삶이 어두울 것이다. 요즘의 대세는 책 쓰기다. 내가 배웠던 것처럼 친구나 지인들에게 책쓰기를 도전해보라고 전하지만 바쁘고 시간 없다는 핑계로 나를 피한다. 시간은 만들면 되는 것이다. 우리의 나이가 되면 새벽에 일어난다. 그리고 자식들이 분가하여 따로 살기에 내 도움이 필요 없다.

남이 만든 유튜브를 보면서 배꼽 빠지게 웃고 또 흥미 있는 드라마로 시간을 보내면서 심지어 자신의 노후 걱정은 생각만 하고, 노력 없는 인생을 살고 있는 사람들을 종종 보게 된다. 나는 그동안 배웠던 것이 있기에 지금 같은 일로 하게 되었지만 만약에 내가 아무것도 한지 않았다면, 지금쯤 나는 우울하게 지내고 있을 것이다. 우리의 나이에 시간은 빨리 지나간다. 혼자서 안 되면 전문가를 찾아라. 요즘 네이버에는 무궁하게 많다. 나는 책 한 권으로 시작하여 빠르게 성장했다. 누구나 한글을 아는 사람이라면 가능하다고 본다. 나는 시인도 아니고 그냥 나의 인생사를 있는 그대로 써서 작가가 된 것이기 때문에 책 쓰는 게 어렵지 않다는 말을 전해주고 싶다. 인생의 막바지에 온 우리 나이에 다른 게 무엇이겠는가? 지난날의 노하우를 전달한다면 재미있는 스토리가 될 것이다.

　나이들어 소통 없이 외롭게 사는 것 보다는 배울 시간 있을 때 배워서 남은 인생의 기쁨을 누려야 한다. 그동안 극한 생활로 살았다면 지금이라도 자신의 스토리를 끌어내 즐거움과 행복 2가지를 찾아야 한다. 준비 없는 미래는 없다. 그러나 불행은 준비하지 않아도 온다. 열정적으로 노력한다면 노후는 보장되고 인생의 길이 될 것이다. 어느 날 잡자기 내 앞에 어떤 것이 올지는 아무도 모른다. 요양원의 우리 어르신들은 젊은 날에 자신이 요양원 들어올 것이라고는 전혀 생각하지 않았을 것이다. 앞으로 우리는 배우기 더 어려워진다. 나도 워드 배우는 데 엄청 힘들게 배웠다.

　평생의 해오던 일을 잘 이용한다면 나처럼 돌아서 올 필요가 없다. 바로 시작해도 되는 것이다. 나는 시간이 잠시라도 쉬면 불안했다. 어디서든 희망이 있는 곳은 찾아서 무엇이든 배우려고 쫓아다녔다. 사회변화로 인터넷이 세계로 열려 있다는 것을 나는 책을 쓰면서 알게 되었다. 처음엔 힘들었는데 어느새 손이 자판 위에서 자유자재로 놀고 있다. 그런 나의 모습이 신기하고 자랑스럽다.

배움을 좋아하던 나는 늦게나마 책을 배웠기에 100세 시대에 좋아하는 일을 하며 남을 위해 봉사하며 살 거란 생각을 한다. 정보화로 일자리가 없어지는 것은 우리 나이에만 심각한 것이 아니다. 젊은 사람들도 일자리가 없어 방에만 있다는 뉴스나 신문에 나오면 괜히 우리의 죄인 것 같다. 100세 시대의 우리도 먹고살아야 하는데 일자리 구하는 것이 낙타 바늘에 실 끼우는 것보다 어렵다는 것이다.

나이가 들어 돈도 있으면 좋지만 돈이 없다면 무엇이든 배워야 한다. 사라지는 것이 돈이다. 그러나 컴퓨터나 인터넷으로 배워두면 어느 정도는 살 수가 있다고 본다. 큰돈이 들지 않아도 되고 장소도 필요가 없다고 한다. 그런 것들이 기계적인 것이라 어려워도 배워야 한다. 배우지 않고는 할 수가 없다. 옛날에는 펜으로 글을 썼지만 이제는 출판사에서도 잘 받아주지 않는다고 한다. 그러므로 기계적인 것을 꼭 배워야 한다.

이왕 할 거면 빨리 시작하고 남들이 하지 않는 것으로 해라. 컴퓨터를 배워라. 쉬운 것부터 하면 어느 순간 자신도 모르게 실력이 늘어나 손으로 글을 쓰는 것보다 자판을 두드리는 게 훨씬 쉬워질 것이다. 나이가 들었다고 아무것도 하지 않고 지내기엔 인생이 길다.

　직장생활 할 때 출근을 남보다 1시간 일찍 했다. 나는 부지런하다고 회사 직원들이 인정한다. 그러나 부지런함만으로는 세상의 변화에 발맞춰 살 수 없다. 100세 시대에 창직을 평생하다가 세상을 떠나는 사람이 진정 멋지게 사는 것이다.

재취업을 생각하라

직장을 다니면서 퇴직 후 다른 일을 할 수 있게 길을 열어놔야 한다. 그러려면 예리한 생각으로 발견할 수 있는 새로운 교육을 받아야 한다. 세상을 살려면 신중하게 찾아서 교육을 받고 내 것으로 만들어야 한다. 요즘 사회적으로 사라지는 직업이 워낙에 많다 보니 자고 나면 일자리가 없어진단다. 워낙 힘든 젊은이들도 많아 우리 나이에 재취업은 더욱 힘들다.

우리 때는 맨손으로 시작하여 퇴직 후 자신의 삶을 돌아보는 여유가 있었다면 이제는 일자리가 기계에 빼앗겨버린 것이다. 100세 시대로 접어든 미디어 시대에 평생 직장은 없다. 한 가지 일로 살 수 없다면, 직장은 언제나 사라질 수 있다는 것이다. 어쨌든 회사에서 미래에 대한 준비를 항상 해야 한다. 경제가 어려우면 제일 먼저 직원부터 줄인다. 재취업에 대한 준비가 없는 사람은 나중에 비참함을 감수해야만 하는 것이다. 그때 준비하지 못한 것에 대한 후회만 남을 뿐이다.

어느 직장인들은 아주 조용히 두 갈래의 길을 만들어놓고 기다리면서 현 직장생활을 한다. 젊은 날부터 준비하면 나이들어서 좋지만, 나이들어 준비하면 내가 가질 것이 조금은 작다. 하지만 꾸준히 하다 보면 어느덧 내가 원하는 재취업으로 들어서게 된다. 책 쓰기를 하다 보니 나의 인생이 부유해지는 것이 알게 되었다. 그 전에는 부유함도 희망도 몰랐다. 누구에게 의존하기보다는 자기만의 독립적이고 자유로운 직업을 선택해야 한다고 생각한다. 인생 후반의 노후가 보장되어 있더라도 인생은 외로운 것이므로 외로움에 속박당하기 쉽다. 열린 세상과 소통할 수도 있고, 자신의 메시지를 전달하는 노후가 되어야 한다.

나도 그런 마음을 가지고 있기에 건강이 허락하는 동안 글을 쓰는 즐거움을 누릴 것이다. 열린 세상에서 돈이 최선은 아니라고 본다. 어느 정도 돈은 있어야 하지만, 나이들어서 무서운 건 돈보다 외로운 것이다. 가족이 해체되어 대다수가 할 일이 없다고 한다. 시끌시끌하던 우리 집도 조용하게 된 지 얼마 안 된다. 아침에 바쁘게 아이들 챙기다가 어느 날 조용한 집에 있다 보면 외로움과 무기력을 만나게 된다.

나는 재취업하듯이 책에 매달렸다. 어떤 테크닉은 필요하지 않다. 책에 대한 기초부터 배우면 한글로 누구나 할 수 있다. 또 한두 번 하다가 작가가 되면 다른 사람을 가르치게 된다. 자신이 하겠다는 열정만 있다면, 사람과 연결된 컴퓨터로 충분히 할 수 있다. 내가 글을 쓰게 된 건 오래전부터 한 것이 아니다. 나에게 그만큼의 열정이 있었고 그 열정으로 인생의 길을 찾았던 것이다. 100세 시대에 즐거움을 누리려면 어떤 일이든 빠져야 한다. 그자체가 즐거움이 되는 것이다. 100세 시대의 즐거움이 없다면 긴 수명에 무기력하기만 할 것이다.

등산을 하면서 산속에서 길을 잃고 헤맬 때 길을 가르쳐주는 것은 나침반이다. 고정된 나침반을 흔들지 않은 채 그냥 놔두면 고장난다. 우리의 인생도 이와 같다. 우리도 인생을 흔들어 깨워야 한다. 흔든다는 건 귀를 기울이고 눈으로 보고 몸을 움직여 배우는 것이다. 나는 남은 인생 꿈을 향해 나아가고 있다. 인생의 재취업이 진짜로 사는 여행이 된 것이다. 계속해서 인생의 길을 찾아 글로 전할 것이다.

꼭 가방을 끌고 비행기를 타야만 여행이 되는 것이 아니다. 내 재능에 맞고 좋아하는 일이라면 남은 인생이 지루하지 않을 거라고 본다. 열정이 있을 때 우리의 뇌도 잘 돌아간다. 복권이 당첨된다고 모든 것이 해결되지는 않는다. 인생 후반에 대한 마음을 단련하여 나의 삶의 가치를 발견하는 것이 가장 중요하다고 생각한다. 남들은 그만큼 일하였으면 나이들어서 쉬는 것도 하나의 일이라고 한다. 하지만 나는 무엇이든 배우려고 했다. 그러나 은퇴 후 또 다른 직장을 찾는 것은 쉬운 일이 아니었다. 아무리 컴퓨터 기술이 발달되었다고 하나 나는 젊은 사람들을 따라잡지 못하고 있다.

이솝 우화 중 「개미와 배짱이」라는 이야기가 있다. 누가 더 현명하고 부지런한지는 모두 알고 있다. 어떤 이는 더운 여름에 노동에 의존하지 않고도 나

100세 시대, 인생을 즐기며 사는 법

중에 먹을 수 있다고 말하는 사람도 있을 것이다. 사람을 왜 '개미와 배짱이'에 비교하는지 따지는 사람도 있다. 여름에 일하는 사람 겨울에 일하는 사람 각자 다를 수가 있지만, '개미'가 이익을 얻는 게 더 많다. '개미'들은 비축하는 습성이 있다. '개미'도 스스로 터득하고 자신의 보금자리를 만들었다는 생각이 든다.

우리도 '개미' 같은 태도를 가지고 지내야 한다. 삶의 목표를 두고 인생을 즐길 수 있는 만큼 충분히 노력하면 '개미'와 같은 부를 축적할 수가 있다. 그렇게 하려면 우리는 습관적으로 노력해야 한다. 돈이 많아도 나이가 들기 시작하면 외롭다. 책을 쓰기 전에는 활용하지 못한 자격증만 있던 나는 겨울의 '베짱이'처럼 먹을 것이 없었다. '베짱이'야 놀아보기도 하였지만 나는 놀아본 일도 없고 죽어라고 일하고 배웠는데 나는 나이가 들어서 할 수 있는 일이 없다.

개미들은 먹을 것을 다른 이들보다 먼저 발견했다고 생각한다. 나는 학문적인 콤플렉스가 있다 보니 나의 부를 발견하지 못하였던 것이다. 책을 많이 읽고 책으로 찾아야 하는데 책이 아닌 학문에만 열정을 쏟아낸 것이다. 지금이라도 재취업에 대한 의식을 바꾸어 책으로 나 자신을 알리며 빠르게 성장을 할 것이다. 그동안 능력이 없다고 신세만 하소연하던 나는 남들이 깜짝 놀라서 언제 어떻게 무엇을 배워서 책을 쓰게 되는지 궁금증을 유발하게 만들 것이다. 그동안 공부하면서 친구들도 많이 없었는데 그 궁금증으로 사람들이 내 주위에 둘러앉게 될 것이다.

100세 시대, 인생을 즐기며 사는 법

적성보다는 지속 가능한 것인지 고려하라

인생 후반에 어떻게 나이들기 바라는가? 아무것도 준비하지 않으면서 시간이 없다는 핑계로 인생길을 선택하면 안 된다. 준비 없이 저절로 되는 미래는 없다고 본다. 100세 시대에 누구나 오랫동안 살고 싶어 한다. 아닌 것 같지만 그것이 아니라고 한다.

『100세 일기』를 쓴 김형석 교수님의 말씀이다.

"90세 모친에게 손주들이 핑크빛 재킷이나 예쁜 바지라도 사다 주면 반갑게 받으면서 고맙다고 했다. 이것들은 간직해두었다가 이 다음에 입으련다."

오래 살고 싶은 본능을 버리지 못하는 것이 인생이다. 김형석 교수님이 쓴 〈조선일보〉 칼럼에 나오는 문장이 있다.

오래 살고 싶어 하는 건 요양원에 침상 생활을 하는 분들도 마찬가지다. 노인 요양원에 근무하고 알게 되었지만, 우리 어르신들도 옷들이 많아도 아깝다고 나중에 입을 것이라고 차곡차곡 쌓아놓는다. 목욕을 할 때 새 옷을 갈아입혀드려도 다시 갈아입으신다. 아마 젊은 날에 절약하고 살았던 습관도 있겠지만 어르신도 죽음에 대해 인정하고 있지만 나름 오래 지내온 기대감이 있는 것 같다. 책을 쓴 나에게 사람들은 인생의 후반에 잘하는 일과 좋아하는 일로 여유롭게 살 수 있었는지 묻는다. 나는 차근차근하게 이야기를 전해준다. 나도 처음부터 잘하는 건 아니었다고 새로운 변화에 맞춰 꾸준히 공부하다 보니 책 소개를 하는 사람이 되어 있었다고 말한다.

지난날 나도 치열하게 사느라 나의 삶이 돌아볼 여유가 없었다. 그러다가 눈에 들어온 것이 최첨단기계가 다리가 불편한 사람들의 다리가 되어주고 되고 이세돌이 인공지능로봇에게 지고 인천공항에 로봇이 사람 대신 안내를 하는 것에 큰 충격을 안 받을 수 없었던 것이다.

길 안내하는 그 어느 누군가가 일자리를 빼앗겨 실업자가 되겠다며 편리하다는 생각보다 걱정이 먼저 되었다. 안 그래도 일자리 사라지는 시대에 사람이 할 수 있는 건 더 없어진다고 한다. 의료적인 것은 좋은 일이지만, 현장의 일자리가 없어지는 것은 문제다. 결국 나이든 이후에 1인 창업에 도전해야 한다. 꼭 책으로 아니라도 젊은 날에 하고 싶었던 일이나 자신이 잘하는 것을 반드시 선택해야 한다. 노력 없이 덤으로 얻는 것은 절대로 없다.

내 주위에 노후가 걱정 없다면서 당당하게 소리치는 분들도 있었다. 그러나 어쩌다 마주친 그들을 보면 은퇴 후 불안해 소일거리 찾는다고 한다. 결국엔 재취업전선에 뛰어드는 것이었다. 나는 작은 아파트부터 시작한 입찰로 주택의 연금을 이용하기로 한다. 그것으론 부족하지만 건물에 나의 노후에 대한 기대하기로 하고 또 다른 통로로 책으로 글로 쓴다. 나는 이 2가지를 이루게 되었고, 이것 가지고 노후를 지낼 수는 없지만, 작은 무엇인가 통로를 만들어놓았다는 사실에 조금은 안심을 하는 편이다.

"예술은 길고 인생은 짧다."

히포크라테스가 했던 말이다. 기술보다 인생은 물론 짧다. 물론 그 말은 맞는 말이다. 그러나 그 시대보다 길게 100세 넘어 120세라 말이 나오는 시대에 지루한 세월이 될 수도 있다. 히포크라테스는 의술이 길다고 했지만, 의술은 다른 사람이 건너 받아서 학문적으로 발전된다고 본다. 나는 바느질로 인생을 당당하게 살 것이라고 했다. 그러나 나이들면서 생각이 느려지고 시력이 낮아진다. 사실 우리 시대에 열심히 살지 않은 사람들은 별로 없을 것이다. 그러나 젊은 날보다는 행동이 늦다. 이해력도 빠르지 않다.

비범한 사람 평범한 사람은 따로 있지 않다. 중요한 건 자신의 재능이 무엇인지를 빨리 알아차리는 것이다. 그놈의 돈이 무엇인지, 젊은 날에 잘나가던 사람들도 나이들어 무엇으로 살지 걱정하게 되고, 노인들 고독사라는 뉴스를 들을 때 무의식적으로 '왜 저토록 자신의 인생에 책임 없이 살았을까?' 의문점이 생긴다. 마지막으로 나는 말하고 싶다. 인생은 특별한 것이 아니라 내

안에 있는 것을 끄집어내는 것이라고, 그것이야말로 최고의 밑천이 되는 지수가 아닐까 싶다.

우리의 삶은 선택의 연속이라고 말한다. 어떤 것을 선택하느냐에 따라 인생도 달라진다. 나는 수많은 선택으로 공부를 하고 자격증을 따고 선택 중에 결혼도 하고 아이도 낳아 길렀다. 아이들이 다 성장한 후 독립으로 시간적인 여유가 되면서 나는 책을 쓰면서 역량을 발휘할 수 있게 되었다. 여러분도 장래성 있는 직업이 있어야 나이든 후 외로움을 이겨나갈 수 있을 것이다. 남들처럼 놀고 싶다고 놀고 분위기와 재미를 따라 살기엔 100세 시대인 데다가 핵가족까지 되어 있는 사회에 노후가 너무 비참해진다.

젊은 날보다는 나이가 들어서 자신의 일이 있어야 한다. 내 것이 없으면 아무리 풍족하다고 해도 자신의 삶의 만족도 지수는 낮아질 수밖에 없다. 분명한 것은 나의 적성과 흥미가 어디에 있는지를 먼저 알아야 한다. 취미도 좋고 본인 잘할 수 있는 것이 무엇인지 지금부터 확인해두는 것이 도움이 될 것이다. 우리 나이에 문제는 인터넷을 잘하지 못하고 관련된 정보를 알 수 없다는 것이다. 컴퓨터만 할 줄 알면 폭넓은 세상을 볼 수가 있는데도 그렇게 못 한다. 나도 컴퓨터는 우리 나이에 적성이 잘 맞지 않는다고 여겼다. 하지만 사회적 변화로 끊임없이 세상에 귀를 기울여야 한다. 그러지 않으면 정보에 뒤처져 삶의 폭이 좁은 인생이 될 것이다.

나이가 들면 지위도 필요가 없다. 흥미만 있다면 얼마든지 책을 쓸 수 있는 사람이 된다. 나는 컴퓨터를 배우고 난 후 내 삶의 지수가 높아져 전문지식이 필요 없게 되었다. 아직도 책 쓰기를 처음 하는 것 같이 가슴이 뛴다. 하면 된다는 말을 1,000번 해봐라. 자신의 완성도를 높이는 것은 바로 자신이다. 나도 하나하나 하면서 나도 모르는 사이에 여기까지 와서 새로운 인생길을 가게 된 것이다.

내가 책을 쓰겠다고 생각하게 된 것은 나도 한번 잘 살아봐야겠다는 마음에서다. 우리 나이에 돈보다는 일을 하는 것이 더 좋은 재산이다. 남들은 어떻게 생각을 할지 모르지만 나는 책을 쓰고 할 일이 있다는 것이 행복하다.

좋아하는 일을 찾아라

나는 첫 직업이 바느질하는 기술자였다. 결혼 전까지 그 일을 했다. 나는 기술에 신념을 가지고 열심히 하였고, 그때 학원도 별로 없어서 오랫동안 기술을 전수받아서 해왔다. 어떻게 하다 보니 학원이란 곳을 알고서는 그곳을 찾아 다시 새로운 시작을 했고, 그 후 학원 추천으로 가정집이 아닌 진짜로 기술을 활용할 수 있었던 것이다. 그로 인해 지금의 남편을 만나서 결혼을 했다. 결혼 후 얼마 되지 않아 시아버님이 돌아가시는 바람에 또다시 어려움을 겪게 되었고 좌절할 시간도 없이 두 아이를 위해 살아야 한다며 열심히 살았다.

내가 어렵게 살았던 시절을 아이들에게 주지 않으려고 했고 또 내가 배우지 못한 한이 있다 보니 배움에 대한 어려움을 남겨주지 않으려는 노력을 다해 키웠다. 물론 남편도 열심히 살았지만, 엄마만큼 아이들 더 생각하는 것도 없다고 본다. 이제 와서 말하지만 극단적인 생각도 안 하지는 않았다. 사람은 아무리 어려운 일이 있어도 그 고개를 넘으면 지나가게 된다. 어느 날 밤에 언덕 위에 올라 시내 불빛을 향해 저리 많은 집이 우리 가족 하나 들어갈 곳이 없다며 참으로 원망을 많이 했다. 그런데 어떻게 살았는지 지금의 두 아이와 남편과 평온한 가정으로 성공했다. 아이 옷은 언제나 큰 치수로 선택하고 입혔다. 어찌나 큰 옷인지 다 버리고 아까워 그냥 둔 옷을 다 큰 아이는 아직도 입는다. 그 옷을 입을 때마다 엄마가 너무 큰 옷을 사줘서 입고 학교 다닐 때 창피하였다는 말을 다 큰 다음에 듣게 되었다. 그때만 생각하면 아이들에게 미안하다.

디자인이 하고 싶었던 나의 꿈은 접어두고 요양원에 다니고 있던 나는 사회복지사에 대한 공부를 열심히 하고 대학을 졸업했다. 직장생활을 하면서 시작한 것이라 밤잠을 덜 자고 야간으로 다녔다. 누가 그러던가? 대학은 노는 곳이라고. 나는 학점 따기 위해 남들보다 더 공부해야 했다. 그리고 어느 순간 재미가 있어 끊임없이 노력하게 된 것이다. 공부에 빠져들었다. 대학을 졸업하자마자 또 다른 도전을 했고 도서자격증, 방과후 자격증, 부동산 자산관리 전문가, 1급 영어지도자 자격증 등등을 땄다. 그러면서 통장에 돈이 조금씩 쌓였다. 디자인 꿈은 그만뒀지만 지금 글쓰기를 하는 게 더 좋은 길이라 여긴다. 책 쓰기란 가슴이 뛰는 일이다. 생전에 일기도 쓰지 않았는데 이렇게 긴 글을 쓴다는 게 참으로 신기하고 재미있다.

남은 인생 이제부터라도 하고 싶은 일을 하는 것이 좋다. 돈벌이보다 하고 싶은 열정을 쏟다 보니 책 쓰기 도착지에 와 있다고 자랑하고 싶다. 지금의 우리 나이에는 돈도 필요하지만, 무엇인가 할 수 있고 해내야 하는 의무감이 생긴다는 건 건강하게 살아가는 통로다. 젊은 날 바쁘게 살았던 공백을 메꾸려면 여기서도 남다르게 노력해야 한다. 사람들이 하고 싶은 것을 찾았냐고 질문하면 그렇다고 말한다.

그동안 나는 부유하지 않았던 생활이다 보니 사람과도 잘 어울려 지내지 못하고 몇 번 어려움으로 좌절하고 넘어졌다. 그러면서도 새로운 길을 향해 노력하며 살았다. 만약에 편하게 살아왔다면 지금의 책을 쓴다고 해도 이렇게 만족스럽지 못하였을 것이다. 이제는 앞으로만 정진하도록 좀 더 노력할 것이다. 진짜 노력은 지금부터 시작이고, 책을 쓰다가 방해가 있다고 해도 잘 이겨나갈 것이다. 이것이 남은 인생에 마지막으로 온 나의 친구고 동반자이다.

내가 글을 적으면서 남은 인생을 산다는 것이 아직도 믿기지 않는다. 나는 검정고시로 대학까지 졸업을 하고 배울 것이 있다면 어디든지 방문하는 열정을 다했다. 그러나 그 배움이 너무 돌아서 온 것이라서 조금 아쉽다. 그래서 나같이 어렵게 돌아오지 말고 바로 할 수 있는 것을 찾으라고 전해주는 것이다.

나는 책을 쓰기로 한 순간부터 새로 태어났다. 이제부터 내가 진짜 좋아하는 일을 하면서 인생 후반을 즐기면서 살 것이다. 나는 그동안 여행을 하면서 아무 생각 없이 구경하면서 다녔지만, 이제는 머릿속에 담아서 글을 쓸 것이다. 이제 책 쓰는 매력에 푹 빠져 글쓰기가 진짜로 내가 하고 싶은 일이 되었다. 책 말고는 다른 것이 없다고 본다. 내가 다른 재주가 있는 것도 아니고 학업도 늦은 나이에 시작하였기에 사회생활을 잘하지 못한다. 또 말도 더듬어 남들과 소통도 잘 안되어 길게는 말을 잘하지 않는다. 그러나 책은 내가 말을 할 필요가 없으니 너무 편하다.

퇴근 후 단순히 남들처럼 놀고 재미있는 일만 찾았다면 새로운 나를 발견할 수 없었을 것이다. 성공하고 싶으면 성공한 사람들 따라 하면 된다는 것도 알고 있지만 성공하는 사람들 옆에 다가가는 것이 쉬운 일은 아니었다. 또 다가간다고 해도 그들이 자신의 성공을 쉽게 전해주지도 않았다. 일자리가 많이 없어진다고 하는 세상에서, 젊은 사람들도 일자리가 없는 상황에서 우리 나이 때 갈 자리는 없다. 나라는 젊은 사람들 위주로 양성을 하게 되는 것이라 나이든 사람들에게 기회는 좀처럼 오지 않는다. 젊은 날에는 눈에 보이지 않던 것이 나이가 들어서는 속속들이 들어온다. 그러나 이미 나이 앞에 사회적으로 받아주는 곳이 드물다. 그 많은 지식도 나이가 들어보니 필요가 없다. 권력, 스펙, 명예보다는 내가 잘하고 좋아하는 일을 취미를 즐기면서 살아야 한다.

〈사람이 꽃보다 아름다워〉라는 노래가 있듯이 젊은 사람보다 화려하지 않더라도 아름답게 향기 풍기는 인생으로 산다면 남들이 우러러 보게 될 것이다. 나도 뚜렷한 스펙이 없지만 책을 펼쳐낸 것이다. 아이들 크고 난 후 우리 부부도 시간이 흐를수록 더 말이 없어진다. 내가 인생에서 제일 잘한 것은 책을 쓰는 것이다. 물방울이 바위를 뚫는다는 말처럼 컴퓨터도 천천히 하다 보면 언젠가 능숙한 사람이 된다. 막 배워서 하는 것이라 빠르지는 않지만 그래도 열심히 하다 보면 더 좋아하게 된다.

경험에서 잘할 수 있는 일을 찾아라

우리의 젊은 날에 손 기술만 있으면 먹고사는 데는 아무런 어려움이 없었다. 그 시절의 주인공은 기술자인 나였다. 그러나 지금은 정보화시대다. 정보화 시대에 어렵다는 핑계만 댄다면 우리 나이에 설 자리가 없어지고 만다. 네트워크를 배우다 보면 신비로운 것도 알게 되고 세계적인 풍경에 빠지게 된다.

나는 나름대로 환경을 극복하면서 나름 인생이 괜찮다고 생각하고 살았다. 하지만 후반 인생은 정해진 대로 살 수 없는 것이었다. 내가 정보화를 알든 모르든 시대에 맞게 배워야 남은 인생을 그나마 즐겁게 보낼 수 있는 것이다. 나이들어보니 불안감이 더 늘어나 대처하는 방법으로 지금의 책을 쓰게 된 것이다. 누구나 나이가 들면 비슷한 생각을 할 것이다. 조금 모아둔 돈으로 장사를 할 것인가 고민도 하는데 까딱 잘못하면 주머니가 텅 비는 일이 생기게 된다.

환갑이 다 되는 시점에 무엇을 새로 찾기란 쉬운 일이 아니었다. 나이가 들면 두려움이 생긴다. 그 두려움을 이기는 방법은 더 나이들기 전에 미래에 대한 설계를 하는 것이다. 그걸로 확신을 만들어놓으면 적어도 불안하게 살지는 않을 것이라 생각한다. 젊은 날 주어진 환경에만 매달려 살았다면 이제는 자신만의 인생을 사는 방법도 즐기며 살아야 한다.

남은 삶을 가장 빛나는 시간으로 보내야 하고 나이들었다는 무기력함이 아니라 더 괜찮은 삶을 살아야 한다. 젊은이야 그 자체로 빛나지만 나이들어 빛은 나 스스로 만들어나가야 한다. 나이들었다는 말을 내세우면 퇴색된 사람이 될 수밖에 없다. 건강은 우선 지켜야 한다. 몸도 이전과 다르다는 점을 인정하고 조심해야 한다. 자신의 스토리를 책에 담으면 노후자금도 생길 것이고 그러면 인생을 즐길 수 있을 것이다. 남과 더불어 살아야 한다. 손에 꼭 쥐고 나누지 않으면 골방의 노인과 다르지 않은 인생 후반기가 될 것이라고 본다.

나이들면 세상에 베풀면서 살아야 한다. 젊은 날에 아등바등하게 살았던 생각으로 베풀지 않으면 외로움이 쌓여 고독의 시간이 된다. 나이가 들어보니 무심코 흘러간 시간들이 아쉽게만 느껴진다. 사회복지를 전공한 나는 요양원에서 다양한 어르신을 만났다. 그분들도 한때는 열심히 사신 분들이다. 어느 날 자신도 모른 사이에 요양원이라는 곳에 들어와서 자신이 누군지도 모른다. 나도 그렇게 되지 말라는 법은 없다. 그렇게 안 되려고 손가락 움직이는 운동을 하고 있다. 책 쓰기는 나이들어 하면 더 좋다고 생각한다.

나는 거의 날마다 글을 쓰기 위해 컴퓨터 앞에 앉는다. 얼마 전까지는 전혀 하지 못했던 일이라 신기하다. 한편으로는 조금 더 빨리 했다면 여유가 더 있었을 거라는 생각도 든다. 늦게 배운 것이라 너무 재미있어 내 나이에 힘든지도 모르고 하는 일이다 보니 체력 소모가 많은 게 사실이다. 그러나 나이들어 두려워하기보다는 한 걸음씩 더디더라도 목적지까지 나아가는 것이 행복하다. 세상은 변하고 있다. 나는 절대로 요양원에 들어갈 일이 없다고 하지만 어느 날 자신도 모르게 가게 되는 날이 올 수도 있다. 내 말이 사실인지 아닌지 나이들어보면 알게 된다.

나도 이런 말을 하고 싶지는 않다. 하지만 우리 동네 계신 어르신들도 요양원에 들렸다가 세상을 떠나신다. 꼭 전문지식이 아니라도 괜찮으니 배울 게 있으면 열심히 배우고 자신이 좋아하고 재미있는 일을 찾아서 해라. 그러면 건강한 삶을 살게 될 것이다.

"어려운 일이 있어도 결코 타인의 힘을 빌려서는 안 된다."

장 앙리 파브르의 책에 이렇게 적혀 있다.

나는 이 본문을 보고 혼자의 힘으로 완수하려고 하는 것은 바람직하지 않다고 본다. 과학이야 스스로 연구하고 탐구하는 실행이 필요하겠지만 그것도 누군가 연구한 자료를 참고로 실험해야 좋은 결과가 있다고 본다. 나는 젊은 날에 기술직으로 일했고 여유가 생기면서 나름대로 공부를 했다. 젊은 사람들은 그냥 하면 된다지만 나는 자판도 끊임없이 노력하여 칠 수 있게 되었다. 어느새 60세가 되어간다.

100세 시대, 인생도 길어지고 있다. 긴 인생 남의 도움 없이 살아가기 어렵다. 나는 책을 쓰기 위해 매일 컴퓨터 앞에 앉는다. 얼마 전만 해도 현실적인 일이 아니었다. 그러나 책 쓰기 강의를 듣고 스스로의 힘으로 좋아하는 일을 하면서 살고 있게 되었다. 글쓰기 가르침 없이 그냥 유튜브나 네이버로 혼자 했다면 나는 아직도 헤매고 있을 것이다. 내가 하고자 한다면 나이들어도 세상의 주인공은 나다. 나이들었다고 아무것도 하지 않고 정말로 남한테 기대어 살아가는 것은 자기 자신한테 무책임한 일이다. 남의 도움이라도 받아서 할 수 있는 일이 있다면 무엇이든 배워야 한다.

내가 아는 분도 70세에 책을 냈다고 한다. 그분도 젊은 날 남편이 술로 외박하면서 가정생활에 도움을 받아본 적이 없다고 한다. 글도 몰라서 평생학습관에서 한글을 배워가며 글을 썼다고 한다. 이분도 선생에게 배웠기에 자신의 책을 쓰게 되었다고 했다. 지금도 늦지 않았다. 나는 인생의 가장 빛나는 내 자리를 지키면서 건강하게 살 것이다. 스승 없는 제자는 없다. 남은 세월을 나이가 많다고 못 한다고 하는 것이 아니라 나이가 들었으니 배워야 한다. 그러면 남은 인생에 좋아한 일을 하면서 즐겁게 살 것이다.

100세 시대, 인생을 즐기며 사는 법

- 07 -

평생 현직으로 할 수 있는 일을 찾아라

나이들어서 행복의 요소는 무엇이라고 생각하는가? 그 행복을 위해 나는

어떻게 해야 하는지 고민 안 할 수가 없다. 소득은 우리가 살면서 중요한 부

분이다. 그러니 의도적인 소득을 만드는 것은 중요하지만 전반적으로 자신이

만족하는 안정적인 인생 후반의 삶이 되어야 한다. 정보화 시대로 일자리가

줄어들면서 다양한 삶이 나오고 있다. 자신의 이야기를 아이디어로 연결한

다면 새로운 시대에 아름다운 창조를 해낼 수 있다고 본다. 나는 지난 몇 년

동안 배운 것을 바탕으로 책 쓰기를 하게 되었다. 단순히 배워보려고 시작했던 일이 이제 나에게 보상으로 다가오고 있다. 내가 몰랐던 것이다. 이 세상은 내게 계속해서 메시지를 주고 있는데 내가 받아들이지 못한 것이었다.

여러분에게 책을 쓰라고 하면 분명 못한다며 자신의 삶에서 행복의 요소를 찾아내지 못하고 스스로 포기할 것이다. 하지만 우리는 본질적으로 누구나 글을 쓰고 싶어 하고 그것만 있다면 누구나 가능하다. 지금까지 살아온 인생사에 대한 이야기에 서로 공감하면서 자신에 대한 건 잘 드러내려고 하지 않는다. 어렵게 생각할 필요가 없다. 한 번쯤 자신의 인생사를 진지하게 돌아보라. 마음에 여유를 찾을 것이다. 글쓰기를 하다 보면 권태도 오는데 그때 끈질기게 밀고 갈 수 있는 건 자신의 인생 이야기다.

나는 먹고사느라 노후에 대한 생각을 못하고 지냈다. 늦게나마 책을 쓰기 시작한 것이다. 처음에는 힘들게 살았던 내가 행복이 무엇인지 몰랐다. 부유하게 살지 못했던 시절에 나는 돈을 벌면 행복한 것이라 생각했다. 지금은 예전보다 돈이 조금 있지만 그것이 행복이라는 생각이 안 든다. 브랜드 옷도 필요하지 않고, 고급 음식도 원하지 않는다. 그게 언제부터 그런지 기억이 나지 않지만 나는 장기적인 일이 있다는 것에 행복을 느낀다. 내 나이에 현직으로 살 수 있는 건 행복이다.

나는 화려하게 살아본 일이 없었다. 나를 위해 아무것도 해놓은 것이 없었다. 나중에 나는 어떻게 살지 그 문제가 항상 마음속에 자리 잡고 있었던 것이다. 나는 고민만 할 것이 아니라 새로운 것을 찾아야겠다는 마음에 50세가 넘어서 공부를 시작했다. 만족할 만한 결과를 내지 못하고 책 쓰기를 배우게 되었다. 책을 배우지 않았다면, 다음 직업은 어딘가에서 설거지하고 있을 것이다. 나이들어서 새로운 일을 찾기란 참 힘들다. 나는 끈질기게 배웠던 공부를 글을 쓰는 데 연결하고 살 줄 몰랐다. 이것이 축복이 아니고 무엇인가? 평생 글을 쓸 수 있는 지금 나는 기쁘고 가슴이 벅차다.

나의 행복은 내가 찾아야 한다는 말을 나이들어 실감하게 되었다. 나이들어가는 건 인정하기 싫지만, 서울로 강의 들으러 다녀보니 그 사실을 인정하게 되었다. 나 스스로 이해도 잘 못하고 고집만 센 사람으로 변해 있다고 느꼈다. 나는 생각의 노예가 되지 않아야겠다는 마음으로 다짐하고 버텨서 이렇게 자판을 칠 수 있게 되었다. 여러분도 돈이나 시간을 내세워 자신의 노후를 위험에 빠트리지 말고 본인이 잘하는 것으로 가슴 뛰는 순간을 만들기 바란다.

세상에 태어나는 사람이라면 누구나 삶에 대한 고통은 있다. 그중에 부유하게 태어나는 사람이 있지만, 대다수가 그렇지 않다. 나는 잘 살고 싶었다. 남들과 대화를 하는 것이 불편한 정도로 말을 더듬었던 나는 사회적으로도 능력이 부족하여 끊임없이 힘들게 살았다. 어떤 사람은 특별히 노력하지 않아도 잘만 사는데 나는 죽어라 노력해도 노후 걱정을 하면서 사는지 속상했다. 부자 부모를 원하지도 않았고, 재벌 남편도 원하지 않았는데 끊임없는 가난에서 벗어나지 못하고 사는지 솔직히 말하면 자살하고 싶을 때도 한두 번 있었다. 결혼 후 가정이 어려워져 빚만 쌓이자 나 스스로 자책에 빠져 더 이상 일을 못하는 날도 있었다. 그때는 아이들에게 힘을 얻었다.

60세 되어서 또 다른 고비가 찾아왔다. 이제 60세라는 나이가 되었지만 이루어 놓은 것 없다는 생각이었는데 책을 쓰고부터 삶에 대한 의미도 다시 찾고 조금씩 행복과 즐거움을 만끽하고 있다. 젊을 때 바느질로 사회에 첫 발을 내밀고 그 후 50년 동안 앞만 보고 달려왔다. 쉬지 않고 끈질기게 꿈이 무엇인지도 모른 채 숨겨진 미래를 발견하지 못하였던 것이었다.

글쓰기가 나의 길잡이가 되어주었다. 책을 쓰고부터 남들에게 내가 배웠던 것을 나누고자 하는 마음이 생겼다. 그렇게 나는 인생 100세 시대를 즐기면서 살아갈 것이다. 요즘은 수만 개 직업이 사라지고 있다고 한다. 예전에도 그렇고 지금도 책 쓰기는 평생 할 수 있는 일이다. 나이들어서 고립된 생활을 하거나 외롭게 살지 않으려면 평생 현직으로 할 수 있는 일을 찾아야 한다. 내 나이가 60세가 되면서 큰돈을 벌었다는 말보다 작가로서 성공했다는 말을 듣는 것이 더 기쁨이다. 앞으로 나는 손자손녀에게 묘지의 이름이 아니라 책의 이름으로 남겨줄 것이다.

100세 시대, 인생을 즐기며 사는 법

나는 끈질기게 배웠던 공부를 글을 쓰는 데 연결하고 살 줄 몰랐다.

이것이 축복이 아니고 무엇인가?

평생 글을 쓸 수 있는 지금 나는 기쁘고 가슴이 벅차다.

제 5 장

은퇴 준비,
나이든 후에 하면 너무 늦다!

쓸모없이 배웠던 일들도 나중엔 다 밑천이 된다

나는 얼마 전만 해도 노후준비 대한 대책 없이 걱정만 하던 사람이었다. 바느질만 잘하면 사는 데 걱정 없는 줄 알고 지냈다. 그러나 세상이 정보화로 너무 빠르게 변한다는 걸 느꼈다. IT 기계를 접하지 않았던 나는 그것이 나와는 전혀 관련이 없는 일이라 생각하고 열심히 일만 하면 될 줄 알았다. 그러나 세상은 변해서 '지니'란 이름을 부르면 기계와 대화하는 시대가 왔다. 너무 변화의 속도가 빠른 시대에 쫓아가지는 못하더라도 개념이라도 잘 익혀야 한다는 생각을 한다. 나이들수록 생각은 점점 더 단순해진다. 집에서 지니와 대화할수록 외로운 일이 더 많이 생긴다. 예전에는 직장에서 은퇴만 하면 여행을 하면서 여유롭게 살 거라는 기대감으로 일했다.

대학교 사회복지과를 졸업한 나는 미국이나 유럽에서 노인들이 한가롭게 산책하고 그룹을 구성하여 합창하는 영상을 본 적이 있었다. 다른 나라와 비교하는 건 아니지만 우리나라의 노인들 이미지는 외롭고 자식을 걱정하며 죽음에 대한 불안감으로 한숨 쉬는 모습이다. 어디 요즘 노인들만 그럴까? 물론 돈이 삶을 보장해주지만 사람을 불행하게 만든 건 외로움이다. 정보화 활용을 몰랐던 나는 준비 없는 노년이 되었다. 세상의 재미와 즐거움은 젊은 사람에게 맞춰져 있어 우리의 나이는 여전히 고립되어 있다. 나는 쓸모가 없어도 배울 것이 있다면 어디든지 찾아다니며 배웠다. 이제부터는 전문적인 작가로 나만의 전문 기술로 살 것이다.

바느질과 여러 가지 일로 사회생활을 했던 내가 책 쓰기로 첫발을 디딘 것은 정말 큰 변화다. 100세 시대가 좋은 것만은 아니었다. 지난 5년 동안 노력하였으나 요즘은 자격증이 넘쳐나서 그것이 전문성이 될 수는 없었다. 사회

100세 시대, 인생을 즐기며 사는 법

복지과를 졸업한 나는 2급보다 1급이 있어야 한다는 말에 또 1급을 따려 했지만 늦은 도전이 쉽지 않았다. 어려움을 겪으면서 독서자격증, 영어지도사, 한문속독법, 부동산 자산관리사 등 여러 개를 배웠다. 부동산 공부는 부동산대로 돈을 벌었고, 한문속독법은 한문 공부가 되었다.

그런 노력으로 책 쓰기를 우연히 알게 되고, 인생 후반을 할 일이 생겨서 지금은 인생을 즐기며 살고 있다. 만일 내가 책을 쓰지 않았다면 내 나이에 어디서 무엇을 할지 이따금 아찔한 생각이 든다. 누구나 문제점은 있다. 삶의 모든 장이 빛날 순 없다고 본다. 그러나 삶에 대한 걱정으로 살 거라면 당장 책을 쓰라고 권유하고 싶다. 나는 국문과 전공도 아니고 스펙도 낮아 책과 관련된 일을 한다는 것은 상상도 못 했던 일이었다. 그러나 지금은 작가가 되었다.

나이들었다고 두려워할 필요 없다. 세상의 경험이 많은 나이다. 자신이 배우겠다는 용기만 있다면 나의 삶은 행복할 수 있다. 정보화 시대를 배우지 않으려고만 하기에 세상이 힘들다는 말을 하게 되는 것이다. 정보화에 서툴러도 자신의 주장만 내세우지 않는다면 좋은 경험이 될 것이다. 세월이 흘러 나이들어 보니 나도 없던 고집이 생겨 젊은 사람들한테 배우며 자존심이 상하기도 한다. 그러나 그날 배운 것을 집으로 와서 꼼꼼히 살펴본다.

쓸모없던 배움도 다 쓸 데가 있다. 남몰래 배우느라 직장에서 도서관을 다니던 게 결실을 맺어 지금의 내가 되었다. 그때는 책을 쓰려고 배웠던 것이 아니라 직장 다니면서 더 좋은 직장을 찾으려고 했던 것이었다. 그러나 내 나이에 더 좋은 직장은 없었다. 배우면 배운 대로 돈과 시간이 낭비가 되었다. 하지만 시간과 낭비가 되어도 끈질긴 배움이 좋은 경험이 되었다. 컴퓨터를 잘하지 못하는 나는 세월의 변화를 두려워하지 않는 도전을 하였다.

60세가 넘으면 일찍 일어나게 된다. 나는 젊은 날부터 부지런하여 새벽에 일어나는 습관이 되었는데도 60세가 되면서 더 일찍 일어난다. 눈을 뜨면 책을 펴서 읽거나 신문을 보면서 하루를 시작했는데 지금의 문제점은 쓸 시간이 줄어들고 있다는 것이다. 배움 콤플렉스로 전에는 밤잠을 줄이면서 노력하였는데 이제는 시간이 남으니 네이버 쇼핑을 시작하고 유튜브도 보게 된다. 이전에는 남들이 시키는 일을 하느라 나의 시간이 없었던 것이었고, 지금은 나 혼자서 쓰는 시간이 많으니 무엇이라도 찾아서 인생 후반의 준비가 되는 소통의 길을 만들어야 한다.

100세 시대, 인생을 즐기며 사는 법

젊은 날에는 돈을 많이 벌고 싶었지만 지금은 돈보다 내가 할 수 있는 것을 찾아야 지루하지 않겠다는 마음이 들어서 책을 쓰기 시작했다. 자판을 치는 데 어려움이 많았다. 예전에는 펜으로 적던 것과 다르게 워드로 하고 이메일로 보내니까 책을 쓰면서 몇 가지를 배우게 되었다.

젊은 청년들도 일자리가 줄어드는데 우리도 빠르게 배우면 좋을 것 같다. 요양보호사로 근무하다가 사회복지사 자격증을 취득하면 평생 직장 걱정 없다는 광고로 나는 그 자격증을 취득했다. 그러나 대학을 졸업하고 다른 곳에 이력서를 내고 면접을 보면서 나이대가 잘 맞지 않다는 말을 듣게 되었다. 하지만 쓸모가 없더라도 무엇이든 배워두면 나중에 밑천이 될 것이다.

나이든 후의 노후 준비는 어딜 가나 결격사유가 된다

나이든 후에 좋은 일자리가 없다. 나는 책상에 앉아서 하는 일하는 사람이

아니었다. 그런 나에게 더 좋은 일자리가 있을 리가 없었다. 사회복지사로 한

계단을 올라서겠다는 마음으로 대학에 진학했지만 세상은 나이든 사람한테

기회를 주지 않는다. 사회복지시설은 젊은 사람을 원하고 내가 요양시설 경

험이 있더라도 그 경험은 원하지 않았다. 나는 전문적인 자격증이 있으면 어

디든 사용할 줄 알았다. 이력서를 써서 사회복지사 모집하는 곳마다 제출해

보았다. 돌아온 답변이 컴퓨터에 대한 자격증이 있느냐는 것이었고 나는 다시 컴퓨터를 배우기로 했다. 그러나 컴퓨터는 쉬운 것이 아니었다.

그 후 다시 방과후 자격증으로 취득을 하였으나 그 또한 나이 앞에 좋은 결실이 되지는 않았다. 희망으로 배웠던 일이 실망이 되는 것도 나이가 들면서 알게 된 것이다. 배움의 과정을 나는 자랑스러워했다. 대학을 나오면 세상이 다를 것이라 기대했고 현실은 그렇지 않았다. 어렵게 대학을 졸업한 나는 나에 대해 많이 생각하게 되었다. 학위가 생겼지만 내가 갈 곳이 없는 상태니 자존감이 낮아진 것이다.

그러나 세상이 꼭 알아주기 기다리는 것보다는 내 가슴을 뛰게 하는 일이 무엇인지, 내가 좋아하는 일이 무엇인지, 내가 도전하고 싶은 일이 무엇인지 찾아야 한다. 나이가 들면 우리가 설 자리가 없다. 이것저것을 많이 해본 나는 어떻게 하면 내 삶이 더 나아질까 고민이 많았다. 하지만 책을 쓰고부터는 내 가슴을 뛰게 하는 것을 다른 사람에게도 나누고 싶어졌다. 나는 나이들면 가슴 떨리는 일이 없는 줄 알았는데 그게 아니다.

많은 자격증을 취득했지만, 막상 이력서를 낼 곳이 별로 없었다. 이력서를 내는 곳마다 경력이 없다는 말이나 나이가 많다는 답변만 들었다. 우리 집 책꽂이에 10개가 넘는 자격증이 쌓여 꽂혀 있다. 이 모든 것이 무용지물이 되어 있다. 아마 이런 노력으로 취미 생활을 했다면 그것이 창직으로 이어졌을 거라는 생각도 든다. 앞으로 얼마나 더 살지 모르지만 책 쓰기를 시작한 나는 더 많은 경험을 쌓아서 다른 사람들을 이로운 방향으로 이끌도록 더욱 노력할 것이다.

화려하지 못했던 지난날이 오늘날 인생의 밑천이 되어 있다. 누구에게나 힘들고 아픈 시간은 있다. 다만 누군가는 그 자리에서 다시 시작했고 또 누군가는 포기했다. 나는 그동안 아무것도 이룬 게 없다며 인생은 목표 없이 그냥 살 수 없기에 나름대로 열심히 살았다. 노후의 성공에 정답은 없다. 어디까지 성공인지 시원하게 답할 수 없지만 100세 시대에 가벼운 마음으로 글쓰기를 즐긴다면 남은 인생이 즐거울 거라고 생각한다.

나는 여러 가지를 많이 배워 동료들과 가족에게 환호를 받는다. 친구들은 나에게 왜 세상을 즐기지 않고 방구석에 앉아 힘들게 시간을 보내느냐고 한다. 그러면 나는 60세 넘어 70세가 되면 할 수 있는 일이 무엇인지 생각해보라고 했다. 아무리 잘하는 일도 나이들면 할 수가 없게 되더라. 그동안 같이 직장생활을 하던 사람들도 정년 없는 일을 찾아서 해야겠다고 한다. 그러나 나이들어 정말로 사회적으로 받아주는 곳이 없는 걸 알게 되는 순간 삶이 외롭고 두렵게 된다. 그나마 열심히 한 덕에 아무도 없는 방에 혼자 앉아서 모니터를 바라보며 글로 대화를 하는 재미와 즐거움을 누리게 되었다.

젊은 날엔 사느라 바쁘고 나이들어서는 인생 후반을 준비하느라 바쁘게 살았다. 좋아하는 일이 얼마나 중요한지 나이가 들어서 알게 되었다. 남을 흉내 내는 역할이 아니라 내가 좋아하는 일을 하면 어디든 환영을 받을 것이다. 나도 그동안 노후 준비가 될 것 같아서 자격증을 많이 준비하였지만 책 쓰는 데 그 많은 자격증이 필요하지는 않았다. 공부만 한다고 성공하는 것도 아니었다.

나는 직장을 다녔지만 직장생활은 언젠가 끝나고 수십 년을 더 살아야 한다. 나보다 더 일찍 직장을 그만둔 동료가 있다. 그는 얼마까지만 해도 노는 것이 재미있다고 했는데 이제는 할 일이 없어 시간이 잘 가지 않는다고 하소연한다. 그러니 창직을 꼭 준비해야 한다. 아직은 할 때가 아니라고 하지만 세월이 기다려주지 않는다.

　나이가 들면 큰집이나 작은 집이나 별로 느끼는 것이 없다. 처음엔 넓고 좋으나 살면서는 비슷하게 느껴진다. 그러기에 집에 대한 욕심을 버리고 내가 할 수 있는 일을 찾는 것이 좋다. 나는 19평 아파트에 살고 있지만, 아이들 독립한 후 두 부부가 살기에도 넓다는 마음이 든다. 왜냐하면 아이들이 있을 때는 시끌벅적했지만 지금은 서로 말도 없고 그나마 방 한 칸이 남아서 나의 공부방으로 쓰고 있다. 책을 쓰고부터는 더 말이 없어져 집안에 사람이 사는지 모를 정도다.

　아이디어가 아주 뛰어나게 좋은 것이 있다면 다행이지만 그렇지 않고는 우리 나이에 할 수 있는 것이 딱히 많지 않다. 나는 어렵게 대학까지 나오고 자격증도 많이 땄지만 차라리 책을 빨리 알았다면 좋았을 거라는 생각이 든다. 그랬다면 아마 TV에 나오는 강사가 되었을 것이다. 지금은 젊은 날처럼 체력이 따라주지 않고 다 그렇지는 않겠지만 대부분 나이가 결격사유 되는 것도 있다.

후반에 인생을 즐길 준비, 미리 하라

무엇이든 배운다는 건 참으로 좋은 것이라고 생각한다. 직장생활을 할 때 같이 근무하는 공익들에게 컴퓨터 워드를 어떻게 하면 잘할 수 있냐고 질문 하면 눈 감고 하면 된다고 그들이 답했다. 나는 그들이 시키는 대로 눈감고 죽어라고 해봤지만 내 마음처럼 잘되지 않았고 손은 손대로 아프고 목은 목 대로 아팠다. 그 후 어느 날 책 쓰기를 하기 위해 센터를 방문했는데 한글 워 드가 안 되어 글쓰기가 무척이나 어려운 상황이었다. 요즘은 종이로 써서 책을 내면 출판사에서 잘 읽지 않는다고 한다. 어쨌든 이 틈에 워드를 확실히 배워야겠다는 결심을 했다. 네이버 들어가는 것도 몰랐고 이메일 보내기도 모르던 나는 책을 쓰는 과정에서 한꺼번에 다 배우게 된 것이다.

어린아이들도 다 하는 유튜브와 네이버를 나이든 나만 못하는 것 같았지만 지금은 즐겁게 한다. 여유롭게 살지는 않았지만 배움의 에너지, 넘치는 패기는 남들이 부러워할 정도였던 나는 메일로 친구 또는 아이들과 이야기를 주고받는다. 컴퓨터를 여유롭게 활용한다면 주위 친구들이 부러워하며 자신들도 배우고 싶다고 말을 한다. 나는 나이 더 들기 전에 배워서 할 일 없는 노인이 되지 말고 소통을 하며 살자고 했다.

이직도 평생토록 직장 생활을 할 수 있다는 사람을 종종 만날 때가 있다. 과거의 생각을 지우지 않는 사람들을 만날 때 나는 답답함을 느낀다. 은퇴 준비를 하면서 그 분야의 전문가는 아니라도 인생 후반을 즐기면서 자신의 일을 하는 평생 직업을 준비하라고 설명한다. 노후는 즐기는 미래가 되어야 한다고 본다. 그러나 노력하지 않으면서 세상이 변하는 문제만 제시하는 사람들이 있다. 나이들면 누구나 병상에 눕게 된다. 보편적으로 우리의 몸은 허약해진다. 그러나 그것을 인정을 하지 않을 뿐이다. 요양원에 근무하는 나는 여러 어르신과 많이 대화한다. 그분들에게 세상에 제일로 후회되는 일이 무엇이냐고 질문을 하면 대부분 아이들 키우느라 자신에 대한 인생이 없었던 것이 후회가 된다고 답한다. 우리 나이도 이와 같다. 아이들 키우고 독립하고 난 뒤 할 일이 없다. 이제라도 할 일을 찾아서 즐겨야 한다. 유튜브나 블로그로 인생이 즐겁다고 영상으로 올리는 분들이 있는데 그것도 컴퓨터를 배우면서 알게 된 것이다. 여러분들도 시도해보라. 인생이 즐거워진다.

사회에 대한 폭넓은 생각으로 너무 개인적인 것에 빠져 있지 말고 사회의 변화로 내가 어떤 일을 할 수 있을지 찾고 내 것으로 만들어야 한다. 이제는 세계에 대한 생각을 갖고 있지 않으면 미래는 없다는 생각이 든다. 나는 어릴 때부터 어렵게 살아서 내가 할 수 있는 것은 무엇이든 배웠다. 하마터면 이런 재미도 모른 채 나이들 뻔했다. 자신에게 투자를 해야 한다. 현실적으로 돈이 필요하지만 배우는 것에 투자를 하면서 인생을 즐겨야 한다.

책을 쓰기 위해 자판을 친다. 배워본 적도 없고 해보려고도 하지 않았던 컴퓨터 작업이 이제는 인생의 즐거움이 되고 있다. 우리 동네 마트가 하나둘씩 사라져 가고 있다. 또 은행도 통장이 아니고 전자식으로 발급하는 시대다. 하다못해 TV 켜는 것도 '지니'란 기계에 대고 말하는 세상이다 보니 우리 나이에 머리가 안 돌아간다는 말이 나온다. 언제까지 자식들의 도움을 받을 것인가? 평생학습관으로 배우는 곳이 많이 생겼다. 모르면 고개 숙여 물어보면 된다. 인생 후반을 어떻게 살지 고민하는 것이 시간의 낭비가 되지 않아야 한다.

희망은 가까이에 있다. 나는 어렵게 살던 시절에 작은 집이라도 하나 있으면 좋겠다는 생각으로 오래된 작은 연립은 한 채 구입했다. 그때는 말할 수 없을 정도로 가슴이 뛰고 우리 식구들도 며칠 동안 기뻐했다. 그때와 같은 마음을 책 쓰기에서 찾았다. 나는 무엇이든 배우며 다니다 보니 늦은 나이지만 그나마 친구들보다 한 발 앞서게 되었다. 배움에 콤플렉스가 있던 내가 무엇이든 배운 그 자체가 교육이 되었고, 인생 후반의 준비가 된 것이다. 지금의 생각해보니 여러 가지 인생 경험이 가슴 떨리는 직업이 되어 창직을 하게 되는 것 같다.

배움을 가슴에 품고 스스로 사고하라

책을 읽고 실천하면서 내 안에 탁월한 능력이 재미있다고 믿으며 나의 잠
재력을 이끌어내고 있다. 나의 배움을 통해 에너지를 집중하면 원하는 것을
무엇이든 얻을 수 있다고 믿는다. 꿈은 지식과 같다. 목표를 이루기 위해서
는 할 수 있다고 믿어야 한다. 믿음은 행동을 낳고 행동은 결과를 낳는다. 내
가 책을 쓴다고 하니 주위 사람들이 의아해했다. 나 역시 바느질과 요양보호
사 여러 가지의 직업으로 지내고 있었으니 더이상 개발할 능력은 없을 줄 알

앗다. 30년 전만 해도 결혼식의 신부, 신랑들이 옷들을 많이 맞춰 입었다. 그러다가 대여하는 상업이 생기면서 나는 의류를 만드는 일을 정리하게 되었고, 그러던 중 남편의 사업도 잘못되어 가정이 어려워지는 과정을 겪게 되었다. 그 후 여러 가지 자격증을 많이 취득했다. 그런데 나는 재능이 있다면 평생 직장 아닌 창직이 될 줄 알았는데 나이 앞에 쓸모가 없어졌다.

책 쓰기의 전문가가 되고 부자가 되기 위해선 연구하기로 했던 것이다. 독자의 마음을 관찰하고 성공한 책을 많이 읽고 따라 해보기도 했다. 그렇게 노력한 결과 가슴에 품을 수 있는 성공이 된 것이다. 제일로 자랑은 나이가 들어도 자신감이 넘쳐나는 것이다. 타고난 부지런함과 배움의 열정으로 인생 후반의 생활이 안정하게 들어섰다. 사람은 누구나 부자가 될 수 있고 누구나 성공할 수 있는데 스스로 의심을 해서 성공을 못 했던 것이었다. 이제는 과감하게 내 마음을 믿고 발휘해보자고 시작하기도 했다. 모든 일은 집중하면 할 수 있다.

사람은 누구나 할 것이 없이 자신감을 가지고 태어났다. 스스로 배우려고 하지 않으면 뒤처지는 세상이다. 스스로 사고한다는 것은 곧 자신에 대한 믿음이다. 행복하고 설레는 마음을 가득 채우자.

나는 할 수 있다는 상상을 한다면 잠재의식은 저절로 따라와 내가 원하는 것에 놓아두고 가게 되어 있다. 우리의 마음속 어둠을 내가 켜야 한다. 내가 해야만 탁월한 진짜의 능력과 실력이 빛을 보게 되는 것이다. 나는 한참이 지나서야 지난날 원망으로 살았던 세월에서 빠져 나왔다. 참으로 어렵게 살았던 시절을 참으로 어리석게 살았다.

삶의 이야기 그 자체가 책이 된다. 나는 책을 쓰면서 나의 잠재력이 무엇인지를 깨닫게 되었다. 60세가 지난날을 어느 정도 덮게 되는 나이라고 본다. 과거는 살아남을 수가 없다. 내 머릿속에서 지워야 노후를 맞이하는 데 행복을 찾을 수 있다고 본다. 어느 누군가가 부자가 되고 싶으면 부자처럼 살라고, 가난은 부자들을 모르기 때문에 가난하게 살 수밖에 없다고 말했다. 맞는 말인지 의심했다. 처음부터 나에게 돈이 없었는데 어떻게 부자같이 살 수 있을까란 질문은 무의미했다. 그러나 나는 책을 쓰면서 그 말을 인정하게 되었다.

내가 찾아 나서야 하고 이왕에 나설 것이면 부자로 성공한 사람을 찾아 그들에게 배워야 한다고 전하고 싶다. 나 또한 그렇게 하였고 그것을 배워 에너지가 되었던 것이다. 아무리 노래를 잘한다고 한들 연습이 없으면 좋은 노래가 나오지 않는 것처럼 부자를 따라 한다고 다 부자가 되는 것이 아니다. 그에 대한 노력이 있어야 완성된 에너지를 받게 된다. 그들의 따라 하다 보면 스스로 내 것으로 받을 수 있다.

마태복음 18장 3절에 이렇게 나온다.

"예수 그리스도. 너희가 어린아이와 같이 되지 않으면 결단코 천국에 들어오지 못 하느리라."

나는 세상 사는 이치도 이와 같다고 한다. 부자가 되고 싶으면 순수하게 그들을 따라야 한다. 의심을 하는 순간부터 부정이 되어 따라갈 수가 없다. 내가 원하는 것에 집중하여 마음의 문을 활짝 열어준다면 결과를 반드시 꿈대로 된다. 부지런함, 자신감 이 2가지로 멋지게 인생을 시작한다. 아침 일찍 일어나 모니터를 향하여 대화를 한다.

의식에 대한 것도 빼놓지 않고 눈을 감고 10~20분 정도 감상을 한다. 이런 것을 배우지 않았다면 은퇴 준비가 미숙해 불행했을 것이다. 내가 적어둔 메모지를 자주 들여다보고 단어가 틀린 것이 있으면 국어사전을 찾아 다시 고치는 재미도 있다. 사실 국어사전 찾는 것도 쉬운 일은 아니다. 그러나 노력은 헛되지 않는다고 여긴다.

앨빈 토플러의 『제3의 물결』이라는 책을 읽었다. 세상에 큰 변화가 온다는 글을 읽고 무의미하게 느껴졌던 것이 책을 쓰면서 직접적으로 깨닫게 되었다. 어디든지 다녀보면 자동화가 되지 않은 곳이 없다. 자동화에 대한 배움이 덜 되었다면 고립된 사람으로 살 수밖에 없다. 새로운 기계에 관심도 가져야 한다. 인터넷의 시대는 말을 잘하는 사람이 아니라 글을 잘 쓰는 사람의 시대다. 전에는 서류에 적어서 내고 그것도 잘 이해가 되지 않으면 말로 자기의 생각을 요령 있게 설명해야 했지만 지금은 아니다. 인터넷을 통해 이메일로 보내든지, 문서를 보내 전자로 결재를 받는다.

요양원에 근무하던 나는 얼마 전만 해도 시설의 강당에서 설명하는 교육을 들었지만, 이제는 네이버로 강의를 듣는다. 그러나 우리 회사 직원들이 대다수가 컴퓨터가 익숙하지 않아서 강의 들을 때마다 나도 그렇고 사무국장이 하나씩 차근차근 지도를 해준다. 나는 네이버와 나는 먼 일인 줄 알았다. 제품을 구매할 때면 아이들 기다렸다가 집에 오면 그때 주문을 하였다. 세상이 기계적으로 변하고 있다. 배우지 않으면 우리 나이에 고립되고 만다. 나는 배움의 에너지로 남들이 부러워하는 인생의 후반을 맞이하고 있다. 과거의 생각을 하면서 사는 것은 나에게 손해가 되고 현재의 미래는 희망이 된다. 시대가 급격히 변해서 일자리가 붕괴되는 이 시점에 책을 펴내는 일은 말할 수 없는 설렘이다.

100세 시대, 인생을 즐기며 사는 법

작은 노력이 아무것도 하지 않는 것보다 낫다

작은 노력. 기회는 기다릴 수도 있고 흘려보낼 수도 있다. 열심히 노력하고 생각하고 실천하면 아무것도 하지 않는 것보다 낫다고 본다. 나는 작은 체구로 끊임없이 배우는 것에 자존심을 내려놓고 상대방의 장점을 살려 내 것으로 만들었다. 사업의 실패로 실의에 빠져 있던 나는 하루도 쉬지 않고 일을 했다. 지금이야 주 5일제로 근무하였지만, 그 전엔 밤으로 잠자는 것 빼고 나머지는 시간이 날 때마다 어느 일이든 찾아서 일을 했던 것이다. 오죽하면 옆에 있는 사람이 하루에 몇 시간을 일하느냐는 질문을 했을까? 그리고 일 외에 나머지 시간을 전부 배움으로 채웠다.

어느덧 아이들은 커서 독립을 하여 집안이 나와 남편으로 남아 있었다. 기술이 발달되어 편리하게 공부를 할 수 있었다. 시간 모자라서 다 못한 공부는 버스 안에서 나머지 강의를 들었다. 이렇게 반복해서 노력한 것이 나의 잠재의식을 이끌어낸 것이라는 생각이 든다.

어느 날 나는 『2억 빚을 진 내게 우주님이 가르쳐준 운이 풀리는 말버릇』 책을 읽었다.

"인생의 나이를 설정한 사람은 자신이다."

인생의 난이도 설정은 바로 내가 하는 것이라고 다짐했다. 잠재의식에 대해 배우고 운 좋은 사람을 만나게 되었고, 하나가 좋은 결과가 나오자 또 하나 좋은 일이 생기게 되었다. 얼마 전만 해도 일반인으로 지내던 나는 책을 쓰면서 작가로 새로 태어났다. 그간의 노력이 친구들은 내가 타고난 것이라고 한다. 하지만 나는 배움의 노력이 있었기에 연마가 된 것이라고 생각한다.

우리의 삶은 선택의 연속이다. 자신이 어떤 일을 하느냐에 자신의 인생이 바뀌게 되고, 나는 몇 번을 직장 바꿔서 선택한 중에서 인생 후반의 지금 이 자리에 있다. 나이가 들어 시간적인 여유가 생기면서 나는 100세 시대에 책 쓰기가 중요한 일이라고 깨닫게 되었다. 나는 여러분이 나이들어서 직업이 있다면 축복받은 일이지만 준비 없이 정년퇴직은 하지 않기를 바란다.

그동안 힘들었던 나는 하고 싶은 일이 무엇인지도 답을 찾지 못했고, 충분한 정보도 몰랐다. 돈이 없어서는 안 되지만 해야 할 일이 무엇인지, 아니면 취미라도 분명히 인식해야 한다. 나는 지난날의 고달픈 이야기를 책 한 권에 담았다. 컴퓨터가 서툴렀지만 해냈다. 다른 사람들은 아무것도 아니라고 이야기하지만 우리 나이에 컴퓨터 워드 못 하는 사람들은 아직도 많다.

나는 책 쓰기가 나와는 먼 이야기인 줄 알았다. 하지만 모든 일은 시도를 하다 보면 능숙하게 할 수 있다. 창직을 찾으면 삶의 흥미도 느끼면서 노후에 외롭지 않다. 나이들어 일을 할 수 있다는 건 외로움과 건강을 극복하는 지름길이다. 따라서 나이가 들면 정신적인 만족과 행복감이 절실히 필요하다.

"인생에 헛된 경험이란 없다."

오 헨리의 책을 보면 그분도 양친이 일찍 돌아가시어 학교 교육을 제대로 받지 못하고 숙부의 약국 일을 거들며 자격증을 딴다. 그 작가도 많은 고난 속에 자신의 성공담에 대한 책을 냈다. 처음부터 크게 시작한 것이 아니었다. 나 또한 작은 바느질부터 의류 일을 시작하고 여러 가지 직업을 바꿔가면서 노력했다. 그러나 가만히 앉아서 세월만 보내면 외로움으로 힘들어진다. 누구나 나이는 들게 된다. 그러나 생각은 나이가 안 든다. 내가 하겠다는 마음만 있다면 도전하는 데 아무 문제가 없다.

"내가 멀리 보았다면 그건 거인들의 어깨 위에 올라서 있었기 때문이다."

– 아이작 뉴턴

나는 이 글을 마음속에 담고 지낸다. 정말로 성공하고 싶고 나이들어 외롭지 않으려면 성공한 작가를 찾아가서 무조건 어깨에 올라가든지 아니면 옷자락이라도 잡고 매달리든지 해야 한다. 혼자서 하는 것은 한계가 있다. 나는 책을 쓰면서 밝게 살게 되었다. 여러분도 빠르게 성공하고자 한다면 많은 시간을 소비하지 않는 책 쓰기를 하길 바란다.

요즘 세월이 얼마나 좋은지 이동을 하면서도 도구 없이 책을 쓸 수 있다. 집에서 컴퓨터로 글을 쓰다가도 멀리 여행을 간다고 해도 컴퓨터가 있고 인터넷이 되면 이어서 글을 쓸 수 있다. 이 과정이 그냥 좋은 것만도 아니다. 배워야 한다. 우리가 움직이지 않고 가만히만 있으면 아무것도 못하게 된다. 인터넷으로 자동이체나 물건을 구매하는 것이 쉬운 것 같은데도 어렵다. 앞으로 우리가 배워야 하는 과제라고 생각한다. 나는 어제도 살았고, 오늘도 살고, 내일도 산다. 지금은 중심이 컴퓨터를 모르고선 대화하는 통로가 없다고 본다. 우선 이메일, 공인인증서, 보안카드, 비밀번호, 저장, 삭제 등을 배워야 한다. 아무것도 아니라고 하겠지만 우리 나이에는 이것도 어렵다. 나도 수십 번 배워서 이제는 잘하게 되었다.

몸을 아끼지 않고 노력한 지금의 우리는 컴퓨터가 어렵다. 그러나 지금 글로 정확하게 소통하지 않고 네이버 활용법을 배우지 않는다면 인생 후반에 삶이 고립된다. 나는 희망을 가지고 작가의 길을 선택한 지금 내가 너무 자랑스럽다. 친구들도 부러워하는 작가가 되었다. 열정이 있다면 책을 써라. 그러면 인생의 후반에 대한 준비는 안전하다.

100세 시대, 인생을 즐기며 사는 법

"인생의 나이를 설정한 사람은 자신이다."

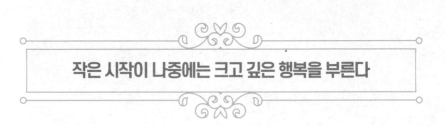

작은 시작이 나중에는 크고 깊은 행복을 부른다

사람은 아무리 젊고 천하장사라도 나이가 들면 죽음을 만난다. 진시황도 결국 죽음을 못 이겼다. 가는 세월을 막을 수 없는 것이다. 요즘 유치원보다 노인시설이 늘어나고 있다. 나는 요양원에 10년 넘게 근무했다. 요양원에 계신 어르신도 죽음의 위기를 몇 차례씩 넘기면서 100세까지 사신다. 나는 어르신에게 세상의 재미가 무엇이었냐고 물은 적이 있다. 그러면 어르신은 재미란 것이 무엇인지도 모르고 살았다면서 그때는 나라도 없는 시대라 밥만 굶지만 않으면 된다고, 자식들 키우느라 행복이 무엇인지 재미가 무엇인지 생각할 여력이 없었다고 하셨다.

그런 이야기를 듣고 인생의 후반 30년을 준비해야겠다는 마음을 가지게 되었다. 젊은 날부터 바느질하느라 화장이란 것도 모르고 옷 한 벌을 내 마음대로 사지 못하면서 살았다. 그래도 바느질로 옷 만든 것에 자신이 있었다. 그러나 요즘은 기성 옷이 예쁘게 잘 나와 맞춤이 인기가 없다. 정보와 연결되는 시대인 만큼 젊은이나 나이든 사람이나 창업하는 나라가 되었다. 아직은 직장으로 아침저녁 오가면서 근무하는 사람이 더 많지만, 유튜브로 네이버로 가상현상에서 서로 만나는 1인 창업이 발전하고 있다. 나 또한 그렇게 하기 위해 많이 노력했다. 재봉틀 하다가 시장에서 장사도 하고 그다음엔 요양원에서 일했다. 그러나 나이가 들면서 자꾸 자신감이 떨어져가고 어느덧 60세를 넘어가는 길목에 서 있었다. 세월이 길다고 하나 내 나이를 생각하면 어떻게 이렇게 빨리 지났는지 어르신들 이야기가 생각이 난다.

인생은 비단길이 아니다. 비단길을 가고자 한다면 내가 노력해야 하고 내가 찾은 것이 책이었다. '마르크스'는 누구에게나 직업 선택의 자유가 있어야 한다고 했다. 그 말은 맞는 말이지만, 나이가 들면서 나는 다르게 생각하게 되었다. 대부분 나이든 사람들은 나이들면 죽어야지 하지만 그 집에 가보면 냉장고 음식이 가득하다. 바이러스로 세상이 어지러울 때도 보면 살고자 마스크를 2겹씩 끼고 계신다. 그만큼 말과 행동이 다르다. 행복은 갑자기 찾아오는 것이 아니다. 서서히 노력하면 행복하게 된다. 불행은 노력이 없어도 찾아온다. 나는 막연하게 삶을 살았던 것도 아닌데도 지난날은 고달프게 지낸 시절이었다.

나는 이것저것 배우면 나중에 후회 같은 게 없을 줄 알았다. 나이 60세가 되면서 책 쓰기를 발견한 후 인생의 비단길을 갈 거라는 희망을 갖게 되었다. '내가 할 수 있을까?'라는 의문으로 시작한 나는 '나만의 스토리를 써보자'는 생각을 갖고 지금 깊은 행복감을 느낀다. 나는 책을 쓰면서 1인 창업의 의문점도 풀렸고 돈 없이도 할 수 있고 상가도 필요 없이 노트북 또는 스마트폰으로 할 수 있는 창직의 길을 알게 되었다.

나는 은퇴준비가 늦었지만, 늦다고 아무것도 하지 않으면 나중에 더 힘든 삶이 될 것 같아서, 열심히 배웠다. 나는 돈이 많은 사람이 아니다. 그러나 책을 쓰면서 행복하다. 돈이 아무리 많아도 저 세상에 가지고 갈 수 없다. 나는 젊을 때부터 부자로 살고 싶었다. 돈이 많으면 모든 것이 행복할 거라고 생각하며 돈만 있으면 모든 것이 다 해결되는 줄 알았다. 그로 인해 늘 나는 열등감 투성이었다. 대학을 졸업하고 자격증을 따도 도움이 되지 않았다.

그러나 포기하는 것보다는 작은 것이라도 배우자는 마음으로 컴퓨터를 배우게 되었다. 처음에 워드 한글 자판을 배우는 데 무척 힘이 들었다. 하지만 지금은 행복을 느끼고 있다. 컴퓨터가 우리 집에 안착이 된 지 10년이 넘어가는데 그동안 나는 컴퓨터로 할 수 있는 것을 생각해 본 적이 없었다. 책을 쓰면서 한글로 쓴 파일을 출판사에 보내야 하기에 자판과 메일을 배웠다. 젊은 사람보다는 느리지만 60세가 된 나는 책을 써 원고를 내는 작가가 된 것이다. 나는 책 쓰기가 너무나 좋은 일이라고 한다. 꼭 돈 버는 것을 떠나서 이때까지 살면서 이처럼 즐겁고 좋은 일이 없었다.

나는 아이들이 독립한 후 할 일이 줄어든 아침이면 조깅 후 책을 쓰기 위해 컴퓨터의 모니터와 마주하고 서로 재미난 이야기를 주고받는다. 비록 나의 이야기지만 자판에 글을 써 모니터에 띄우면 나에게 흔쾌히 대답한다. 나는 말도 더듬어 어떨 땐 무시를 받는데 컴퓨터는 그런 내색도 없다. 그리고 인터넷으로 다양하게 세계적인 사람과도 이야기하고 느리면 느린 대로 빠르면 빠른 대로 즐기면서 대화한다. 옷도 메이커로 입지 않아도 되는 모니터 앞이 마냥 즐겁다.

대작가까지 간다면 좋겠지만 그것은 노력해야 할 일인 것 같다. 그러나 지금 이 순간 나에게 주어진 작은 것이 가장 최고라고 생각한다. 성취란 별것이 아닌 것 같다. 나는 욕심이 없어서 그런지 모르지만 배고플 때 밥 먹어서 배부른 것이 성취라고 생각한다. 요즘 돈이 좀만 있어도 새 아파트를 장만하여 대출을 있는 대로 내서 이사하게 된다. 그런 후 돈의 노예가 되어 인생을 즐기지 못하는 것이다. 우리 나이에는 부모 모시느라 힘이 들었고, 아이들 교육까지 시키느라 열심히 일했다.

요양원 어르신과 같이 모아둔 돈도 쓰지 못한 채 살아도 안 되겠지만 한 번쯤 투자로 내 인생을 돈의 노예가 되게 해선 더욱 안 되는 것이다. 죽기 전에 꼭 해보고 싶은 일과 보고 싶은 것 목록을 작성해보라고 강조한다. 100세 시대에는 무조건 즐겁게 살아야 한다. 내가 자격증에 대한 원망만 하고 아무것

도 하지 않고 여기까지 왔다면 지금의 글쓰기에서도 극복을 하지 못했을 것

이다. 지도사의 자격증과 부동산의 자산관리사 등까지 취득한 것도 사실 남

들이 하는 것을 따라서 했던 것이다. 지금 나는 인생이 재미있고 행복하다.

100세 시대, 인생을 즐기며 사는 법

내 가슴을 뛰게 하는 일이 무엇인지, 내가 좋아하는 일이 무엇인지,
내가 도전하고 싶은 일이 무엇인지 찾아야 한다.

100세 시대, 평생 배우고 공부하라

우리는 경험 없는 100세 시대를 맞았다. 그런데 어쩌면 200세까지 산다고

한다. 과거엔 60세 넘은 것을 축하하며 환갑잔치의 풍악을 울렸다. 100세 시

대의 축복인지 불행인지 아직은 내가 겪지 않아서 잘 모르지만 한 가지는 분

명하다. 총명하던 기억이 아주 미세하게 사라지고 있다는 것!

우리는 살면서 굴곡을 많이 만난다. 사람으로 태어나 환경이나 주변의 도움만으로 성공하는 사람은 아주 소수이고 그 외에는 스스로의 노력으로 이루어야 한다. 나 또한 그렇게 살아왔고, 앞으로도 그렇게 살 것이다. 어릴 때와 결혼 후에 가정사로 많은 고통을 겪었고 그것을 이겨냈다. 그러나 나는 누구도 원망해본 적이 없다. 하면 된다는 의지력이 높은 사람이었다. 내가 우연히 책을 써야겠다는 마음을 가진 것은 2년 전부터다.

'경험도 없는 상황에서 내가 책을 낼 수 있을까? 그래 한번 해보자. 남들 다 한다는데 내가 못 할 것이 있겠는가?'

이렇게 의욕이 넘쳐 시작하게 되었지만, 책 쓰기는 그냥 되는 게 아니었다. 살을 깎는 고통을 맛봐야 하는 시련도 함께 찾아왔다. '내가 그동안 책 쓰지 않고도 이만큼 잘 살았는데 왜 이렇게 컴퓨터와 힘을 겨루며 책을 쓰는 거지?' 그리고 내일은 포기해야겠다는 마음으로 잠자리에 든다. 하지만 하룻밤 자고 일어나면 나도 모르게 컴퓨터 앞에 앉아서 한 줄의 글을 쓰고 있게 된다. 그런 모습에 나는 희미하게 웃음 지으며 출근길을 나섰다.

내가 남들처럼 평범하게 살았더라면 책을 출간하는 것을 염려하지 않았을 것이다. 어린 시절 고달팠고 결혼 후에도 사는 게 바빠서 나의 인생을 뒤돌아볼 틈이 없었다. 그러나 아이들이 성장하고 내 나이 60세 되는 시점에 시간의 여유가 생겼다. 나는 그동안 나이만 들고 아무것도 하지 않은 것 같았다. 생계를 위해서만 살았던 게 억울해서 겁 없이 도전했다. 그리고 지금 이렇게 책 한 권을 출판하게 되었다. 지금은 감사란 말이 절로 나온다. 많은 사람들이 종이로 된 책을 읽으면 좋겠다는 생각을 해본다. 종이책은 한 장 한 장 넘길 때 내가 얼마나 읽었는지 눈에 보인다. 그래서 내가 나이든 것도 모르게 하는 것이 종이책 읽는 거라고 생각한다. 나는 항상 가방에 책을 넣어 다니며 어디든 앉아서 책을 읽는다. 인생 후반에 책 쓰기가 전환점이 된 나는 남들보다 모든 면이 느리다. 책을 쓰는 것, 책을 읽는 것 등등. 그러나 아직 내 뇌가 새로운 것을 받아들이고 새로운 지식을 탐구한다는 사실에 스스로 감탄하고 있다.

우리는 오랫동안 살았던 동네를 눈을 감고도 그릴 수 있다. 어느 골목에 꽃이 피고, 어느 길은 3층짜리 건물이 있고, 그 옆엔 교회도 있다는 등 기억으로 그리게 된다. 몇 년 뒤 혹은 당장 내일이라도 내 신체 기능이 저하되는 날이 올 것이다. 그래서 지금 이 순간에도 나는 글쓰기 습관을 익히는 책을 읽는다. 눈이 어둡고 귀가 어두워도 글 쓰는 데 아무 지장 없는 '나의 100세 시대'를 위해서 말이다.

"부족한 인생사를 출간해주신 여러분 고맙습니다. 미다스북스 실장님과 팀장님, 수고 많으셨습니다. 고개 숙여 감사드립니다. 아울러 나의 모습을 지켜봐준 우리 가족에게 고맙습니다. 그리고 무엇보다 옥신각신하면서도 묵묵히 응원해준 남편에게 감사를 전합니다. 당신을 만나서 고맙고, 1997년 IMF 때 그 어려운 시절 좌절 속에서도 가정을 끝까지 지켜줘서 너무나 고맙습니다. 다음 세상에서도 당신을 꼭 다시 만나서 살 겁니다. 사랑합니다."